夢の超特急ひかり号が走った

マンガ・文

十河信二伝

マンガ・文　つだゆみ

監修　十河光平

協力　東京大学名誉教授　原　朗

西日本出版社

日本が世界に誇る新幹線
いまや新幹線は日本列島の大動脈となり国民の生活になくてはならないものだ
新幹線なくして日本の経済発展はなかっただろう
新幹線が開通したのは昭和39年（1964）東京オリンピックの年だ2014年は開業50周年になる
多くの反対をおしきって新幹線建設をおし進めたのは第4代国鉄総裁十河信二だ新幹線の生みの親と呼ばれている
就任当時71歳
反対派はこう言っていた
鉄道は斜陽産業だこれからは自動車だハイウェイだよ
なんで広軌*別線？そんな予算はない
新幹線なんて爺さんの夢さ

＊広軌…本文61ページ参照

こんにちは
マンガを描いた
つだゆみです
十河信二
さんって
知ってる?
さあ
? ? ?
こんな偉業を
成し遂げた人
なのに意外に
知られていない
なぜ?
十河信二は愛媛県
新居浜市中萩出身
明治30年（1897）から5年間
西条中学（現在の愛媛県立西条高校）に
通った
西条藩陣屋あとに建つ
西条高校は大手門と
お堀にかこまれて風情がある
実はつだも
ここの卒業生
十河さんは
大大大先輩です
同じ門を
くぐったの
ですね
十河信二は
昭和56年（1981）に
亡くなった
（お会いしたかったです）

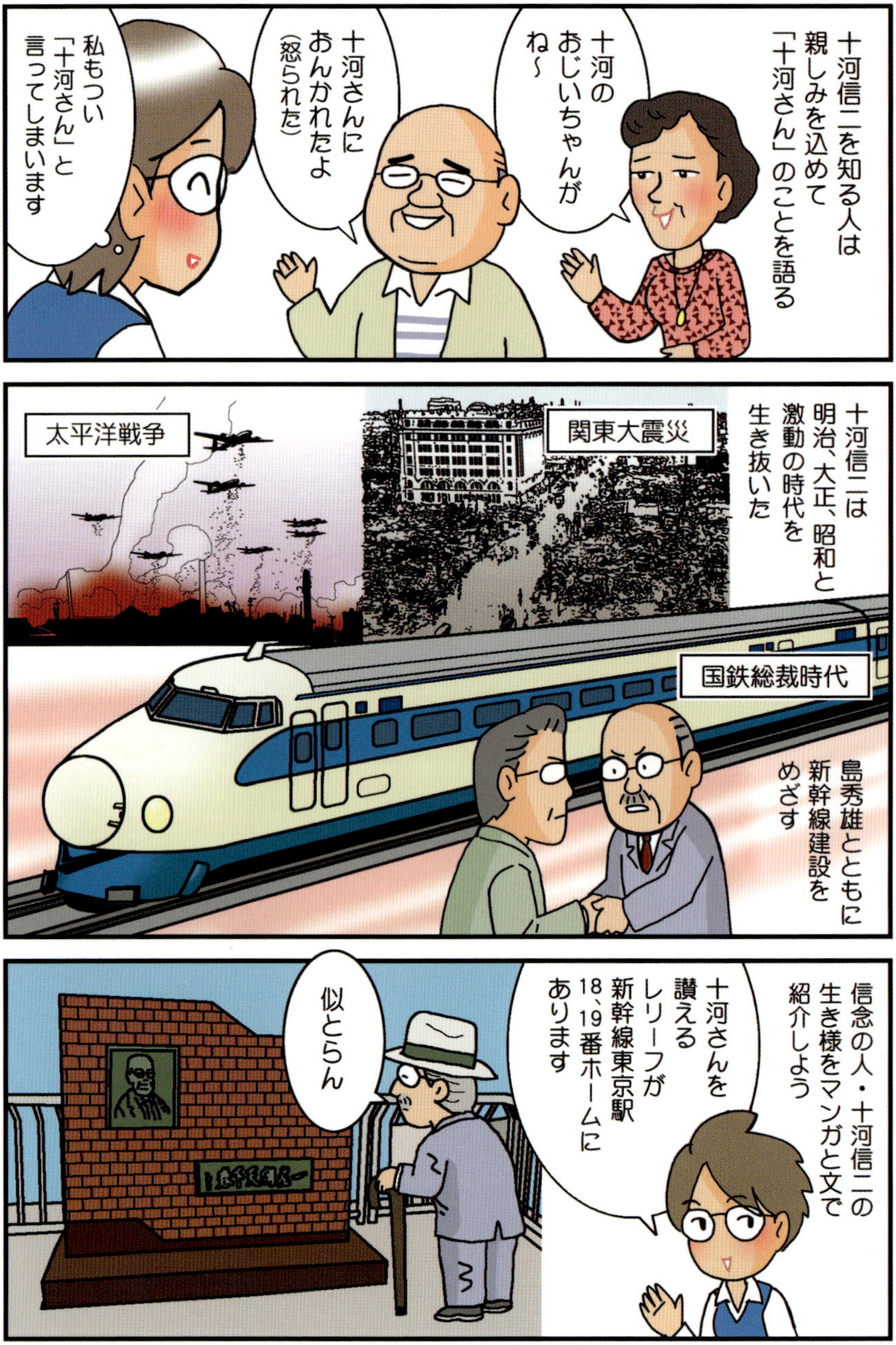
十河信二を知る人は親しみを込めて「十河さん」のことを語る
十河のおじいちゃんがね～
十河さんにおんかれたよ（怒られた）
私もつい「十河さん」と言ってしまいます
十河信二は明治、大正、昭和と激動の時代を生き抜いた
関東大震災
太平洋戦争
国鉄総裁時代
島秀雄とともに新幹線建設をめざす
信念の人・十河信二の生き様をマンガと文で紹介しよう
十河さんを讃えるレリーフが新幹線東京駅18、19番ホームにあります
似とらん

はじめに

祖父十河信二には4男2女の子どもがいました。お正月や祖父の誕生日などには6家族全員が一堂に会するのですが、孫が17人もいましたから、それは賑やかな集まりでした。また私は8番目の孫ですが、機械いじりが好きだったので、よく模型などを作って見せに行きました。するとニコニコ顔で「技師長、研究費をやろう」と言ってお小遣いを奮発してくれました。いつの時代も孫はかわいいもののようです。

祖父はいろいろなことに携わりましたが、今につながるものはやはり東海道新幹線の建設でしょう。国鉄総裁に就任したのは71歳という老齢で体調もあまり芳しくなかった頃のことです。現在では想像できないほど厳しい状況の国鉄でしたが、組織や世論を動かし新幹線の実現に向かっていく原動力は何であったのかと考えさせられます。明治人の天下国家を思う信念・情熱だったのでしょうか。

本書は十河信二傳刊行会から出版された有賀宗吉さんの「十河信二」を元にしています。私の父・和平が祖父の足跡をまとめておきたいと考え、ご賛同いただいた多くの方々のご協力を得てこの刊行会を発足させ、5年ほどの歳月をかけ1998年に私家本として完成させました。「十河信二」は祖父の生き方やその時代を研究される方々にとっては貴重な資料となるものですが、別冊も含めると分量も多くやや読みづらいところもありました。

この度、祖父と同じ西条高校出身のつだゆみさんが独自の調査も加えてマンガにしてくださいました。とてもわかりやすく読みやすくなっています。厚く御礼申し上げます。

また多大なご協力をいただいた西条市役所の皆様、ならびに原朗教授に深謝いたします。

十河光平《そごうこうへい》

夢の超特急ひかり号が走った 十河信二伝 ⦿ もくじ

マンガ・文

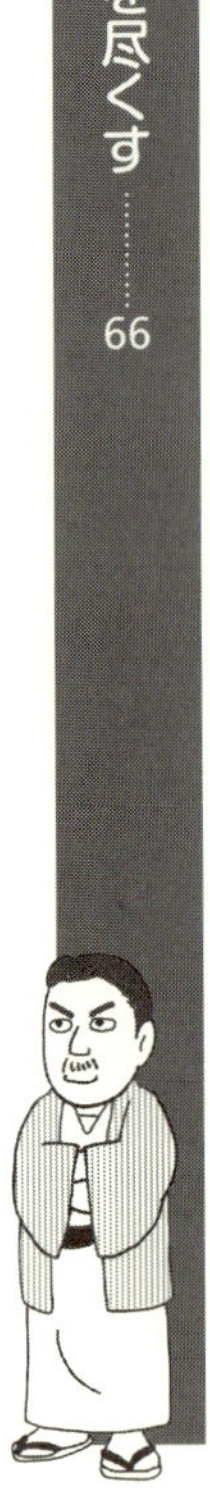

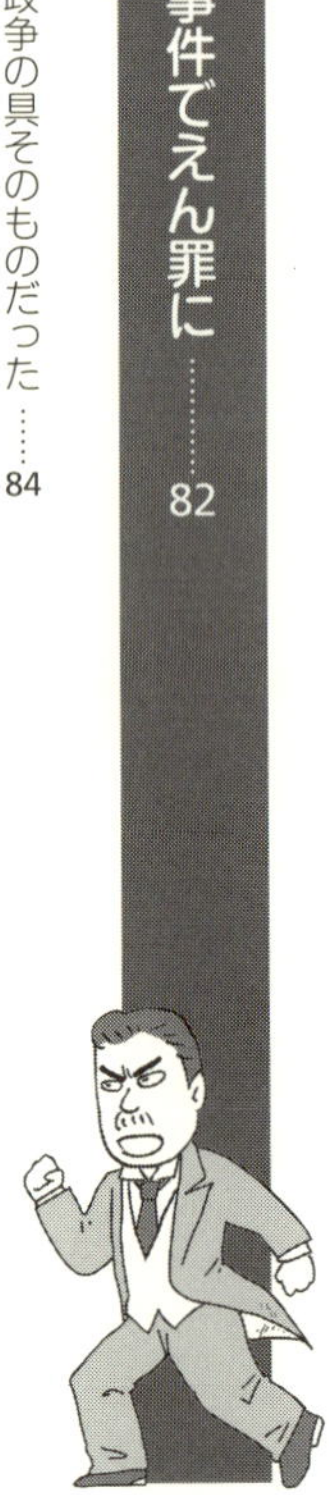

第6章 満鉄理事 広軌弾丸列車に出会う……102

第7章 西条市長 教育改革と食料増産……120

第1章

愛媛の山々

西条中学時代は楽しい

十河の生家の近くを走っていた別子鉱山鉄道
（別子銅山記念館提供）

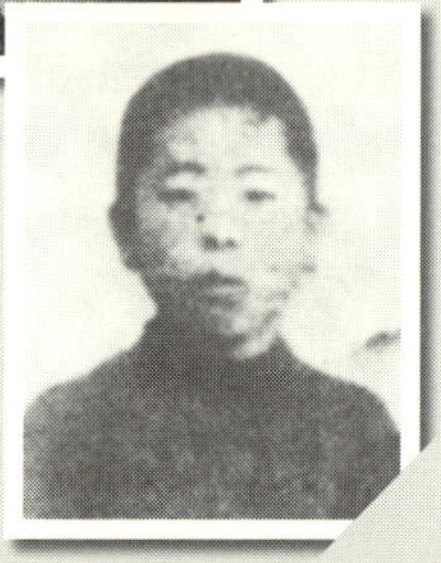

西条中学1年のころ（13歳）

十河が通った西条中学（1907年ごろ　現在愛媛県立西条高校）

西条中学の級友たちと。上から2列目、左から4人目が十河

卒業の日、校長は十河を呼びつけた。

「お前ぐらいわがままで強情な人間はいない。世の中はそれじゃ通らないから注意しなさい」

はなむけの言葉だった。十河はこの言葉を終生忘れることはなかった。

西条中学卒業のころ（18歳）

1-1 バイタリティで切り開いた人生だ

十河の人生を支えた「有法子《ユーファーズ》」

◆まさに「生きる弾丸列車」だ

十河信二は、明治17年（1884）に生まれ、昭和56年（1981）に亡くなった。その97年間を怒濤のように生き抜いた、まさに「弾丸列車」であった。

十河信二は、愛媛県新居浜《にいはま》に生まれ、西条中学、一高、東大へと進学。関東大震災、第二次世界大戦、そして戦後。騒然とした時代の中、満鉄理事、国鉄総裁を務め、新幹線の建設を進めた。

特に国鉄総裁は病身を押して2期8年を務めた。そのエネルギーは凄まじい。

◆「有法子」の精神で切り開け

十河の座右の銘は「有法子」だ。中国では「没法子《メイファーズ》（諦めようという意味）」がよく用いられる。「有法子」は「諦めるのはまだ早い。まだ努力できるぞ」という意味だ。

十河は「今の若者は『没法子』が多い」と嘆いている。

たしかに十河はどんな難局でも道を切り開いた。明治以来、「広軌鉄道」の実現は、彼の恩師・後藤新平や仙石貢《せんごくみつぐ》がなし得なかったものである。それをやってのけたのを見ても、十河が「諦めるのはまだ早い」の精神の人であったと言える。

彼は元来、エネルギッシュで、声が大きい。そのため、ちょっと注意したつもりでも、相手が驚いてしまう。十河は「世間でオレを雷おやじと呼んでいるが、オレの雷は『春雷』だよ」と言っていた。春雷とは春の雷で、音は大きいが実害はないという意味合いだ。俳号を「春雷子」とした。

（参考『有法子』十河信二）

◆『十河信二』から書かせていただく

本書は、『十河信二』『別冊十河信二』（十河信二傳刊行会）を元に書かせてもらう。『十河信二』は交通ジャーナリスト有賀宗吉氏が書いた。

十河信二の四男十河和平氏が世話役になり、十河の残した膨大なテープや国鉄、旧満州（中国東北部）などの資料を参考にしたものだ。別冊には関係者の寄稿が掲載されている。

十河信二《そごうしんじ》
明治17年（1884）〜昭和56年（1981）
第4代国鉄総裁になる
新幹線の生みの親といわれる
十河は声が大きい
バカモン
また雷が落ちた
オレの雷は春雷だ 音は大きいが実害はないんだよ
二万キロ鉄路伝いに春の雷
俳号は「春雷子」だ
有法子
座右の銘は「有法子《ユーファーズ》」
諦めるのはまだ早い

1-2 学校に行かず、弁当だけ食べて帰った

愛媛の山々を生涯愛した。郷土愛の人

◆新居浜《にいはま》の中萩《なかはぎ》で生まれる

明治17年（1884）4月14日に、十河信二は現在の愛媛県新居浜市中萩で生まれた。中萩は明治22年（1889）の町村制施行で、中村と萩生《はぎゅう》が合併してできた名前だ。十河の生家は中村にある。

愛媛の予讃線が伊予西条駅まで開通したのは、大正10年（1921）だから、十河信二が子どものころは、まだ鉄道はなかった。十河が駅を作ったと言われているが、十河は「自分のために線路を曲げたり、駅を作ったりしない」のだ。

愛媛でも松山は鉄道の開通が早い。明治20年代には伊予鉄道が開通している。漱石の『坊っちゃん』に出てくる「マッチ箱のような汽車」だ。

◆父の鍋作《なべさく》、母のソウは教育に理解があった

新居浜の歴史は、別子銅山《べっしどうざん》ぬきには考えられない。幕末から明治の初め、銅山は幾度も経営困難の時代があったが、その度に住友は別子銅山を守りぬいた。

十河信二は父十河鍋作、母ソウの間に生まれる。中萩近くに、幕末、遠藤石山《えんどうせきざん》という儒学者が開いた私塾があった。十河の父は篤農家、母は大地主の家柄で、父母ともこの私塾に通ったと言われる。

両親は「教育熱心」とまではないにしろ、ある程度、教育に理解があっただろう。

（参考『ラピタ』高橋団吉）

◆まだまだ、田舎の子どもだ

十河信二は、9歳で東進高等小学校に入学した。それから4年間小学校に通い、13歳で西条中学に入学するまで、ただの「田舎の子ども」だった。風貌は「裸の大将の山下清」を想像していただけるといい。

本人は「近くの神社で遊びほうけて、学校へ行かずに弁当だけ食べてうちに帰ったこともある」と述懐している。これを『弁当を泣かす』と言った。授業を受けるための弁当なので、授業をサボると弁当が泣くという意味だ。「暑いのが苦手」で、夏場、学校に通うのを嫌がった。

（参考『有法子』十河信二）

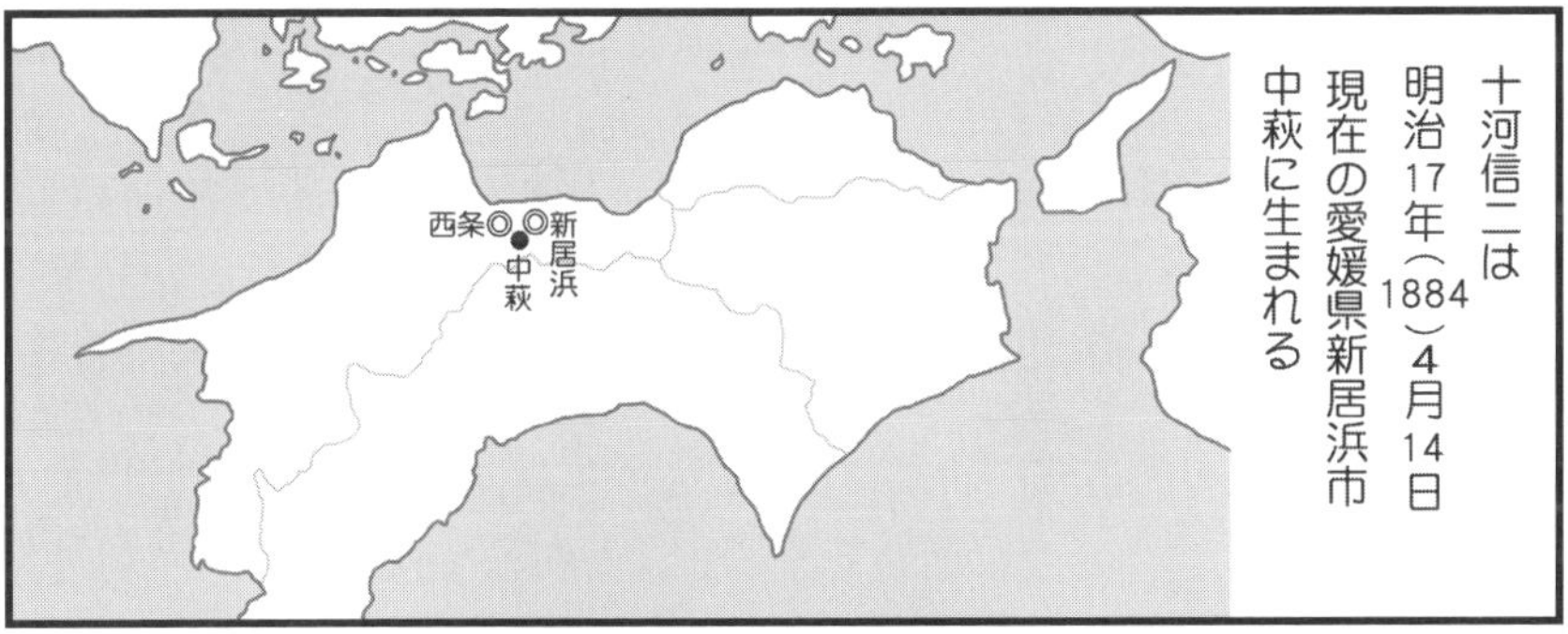
十河信二は
明治17年（1884）4月14日
現在の愛媛県新居浜市
中萩に生まれる
西条
新居浜
中萩

父鍋作　母ソウ
農家の次男だ

新居浜では
幕末儒学者の
遠藤石山が私塾を
開いている
父母ともに
そこに通った

9歳で東進高等小学校に入学
学校へ行かず
近所の神社で
遊びほうけることもあった
弁当
泣かすぞ

1-3

1日、20キロの通学が健康の元となる

3年生のとき、松山中学東予分校が西条中学となる

◆中学に進学する

『坊っちゃん』で有名な松山中学の分校が、新居浜《にいはま》の隣町の西条にできた。

明治30年（1897）、愛媛県西条市の松山中学東予分校に十河信二は入学した。学校は、民家を借りてスタートした。跡地は現在、いずみ幼稚園になっている。

東予分校は、十河が3年生のとき、西条中学として独立して、西条藩陣屋《じんや》跡に新校舎を作った。十河は「私ほど学校運のいい者はない」と、言っている。

◆毎日、20キロの道のりを歩く

実家の中萩《なかはぎ》から西条中学まで、10キロ、往復20キロ（5里）の道のりだ。汽車のないころは、新居浜と西条の間を歩いて通うのは当たり前のことだった。

親は「靴はぜいたくだ」と言う。そのため、草履を履いて通った。雨の日はワラジ履きだ。いつも学校のそばの知人の家で、靴に履き替えて登校していた。学校での生活は靴がポピュラーだ。

十河は晩年にこう語った。「わしが80を越しても足が達者なのは、毎日、20キロの道を通学していたからじゃよ」。

◆休みは農家の手伝い

行き帰りを歩きながらの勉強は予習復習にはもってこいだ。とりたてて勉強をしなくても、受験勉強になった。

子どものころ、親は「農家の子どもは、農業を忘れてはいかん」と言って、休みの日に農業を手伝わせた。とくに、田植えどきは、楽しい日曜も農業を手伝うはめになって憂鬱だった。

ちなみに、現在地元中萩の「十河信二を知る会」の主催で、「十河信二の通学路を歩こう会」というイベントが、毎年3月に開催されている。

「十河さんのエピソードを話しながら、半日かけて片道10キロを歩くという楽しい会」だそうだ。子どもの参加も呼びかけている。

13歳 西条中学に入学
(入学時は松山中学東予分校)
西条中学
(現在・愛媛県立西条高校)
松山中学の東予分校としてスタート
十河が3年のとき(明治33年)
西条中学として独立
西条藩陣屋跡に校舎を建てた
大手門は現在も残っている

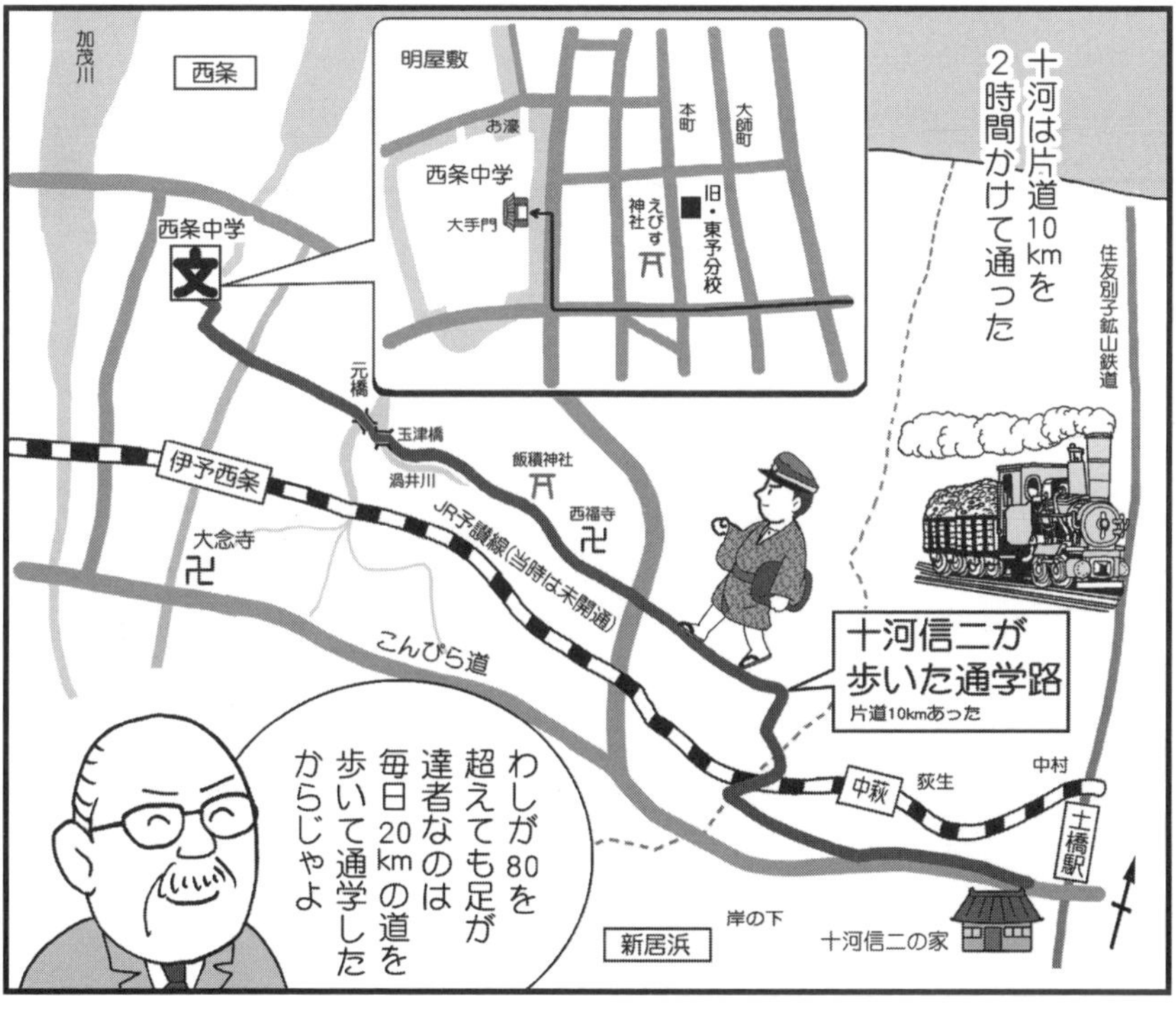
十河は片道10kmを
2時間かけて通った
加茂川
西条
明屋敷
お濠
本町
大師町
西条中学
大手門
えびす神社
旧・東予分校
西条中学
元橋
玉津橋
渦井川
飯積神社
西福寺
伊予西条
JR予讃線(当時は未開通)
大念寺
こんぴら道
住友別子鉱山鉄道
十河信二が
歩いた通学路
片道10kmあった
中萩
萩生
中村
土橋駅
岸の下
新居浜
十河信二の家
わしが80を
超えても足が
達者なのは
毎日20kmの道を
歩いて通学した
からじゃよ

1-4

西条で下宿したこともあった

そのころ早朝に英語の勉強をしたのが幸いした

◆珍しくもない遠距離通学

十河信二は10キロの道のりを2時間以上もかけて通学した。だが、そんな生徒は、十河だけではなかった。彼らは家で勉強する余裕などないので、授業での集中力が大事だ。そのためか遠距離通学者は成績のいい人間が多かった。

同期に松木熊吉がいた。旧陸軍でインパール作戦の連隊長を務めた男だ。松木も中萩から西条まで歩いて通っていた。のちに松木は国鉄に入り、満州で十河と再会している。

◆西条で下宿している

十河は遠距離通学ばかりではなく、西条の叔母のところに下宿していた時期があった。叔母は西条の旅館で料亭も営む「田野屋」に嫁いでいた。

田野屋の長男に野間恭一郎《のまきょういちろう》という男がいる。十河より5歳下だが、頭のいい奴だ。野間と十河は仲が良かった。その野間恭一郎も後に西条中学に入っている。

そのころ、西条にアメリカ帰りの白井誠一という先生がやってきた。十河と野間は「子ども時代から英語を勉強したほうがよかろう」と話し合い、早朝2人で先生の家に通った。冬の朝は、眠くてきつかったが、おかげで、語学が強くなった。後に、野間は東大に入り、ローマ法のテストの答案をラテン語で書いた。

野間は東大で社会党左派に近い大内兵衛《おおうちひょうえ》と仲良くなる。その縁で、十河は大内とも親交があった。大内は後に社会党左派の理論的指導者となる人物だ。それで、十河が国鉄総裁になったとき、国鉄労働組合の社会党左派ともパイプができていた。

◆兄弟同様の関係だ

野間恭一郎は東大時代、小石川原町の十河信二の家に下宿していた。卒業後、野間は三菱合資に入社するのだが、惜しくも49歳の若さで、十二指腸潰瘍を患い死亡した。十河は野間との思い出を、「兄弟同様の関係」だったと語っている。

野間《のま》恭一郎《きょういちろう》
5歳下のいとこだ
十河と兄弟のように
育てられた
信二
恭一郎
十河は
西条の叔母が営む
料亭「田野屋」に
下宿した時期がある
野間は田野屋の長男だ

ねむい
英語の勉強に
行こうや

白井誠一という
英語の先生がいた
十河と野間は
早朝先生の
家に通って
英語を教わった
先生
おはよう
ございます
熱心じゃ
のお
おかげで
語学が強くなった

1-5

西条版『坊っちゃん』が起きた

野だいこのモデル・高瀬先生が転任してきた

◆野だいこがやってきた

明治29年(1896)、「野だいこ」が西条の東予分校にやってきた。「野だいこ」は夏目漱石『坊っちゃん』の登場人物だ。図画の教師、高瀬半哉《たかせはんや》が「野だいこ」のモデルと言われている。高瀬半哉は松山中学で漱石と同僚だった。

松山中学から西条の東予分校に、高瀬半哉といっしょに多くの生徒がやってきた。松山は愛媛の都会だ。生徒たちは「都会風の熱気」を吹き込んでくる。

そのためストライキ事件が起きた。十河たちが学校に入ろうとすると、上級生が叫んだ。

「ストライキ中だ。学校には入れん」十河たちは、近くのエビス神社で足止めを食ったあげく、学校に入れないまま、しぶしぶ2時間かけて家に帰った。

◆西条版『坊っちゃん』だ

ストライキの発端は、校長が教頭を更迭したことだった。この教頭は生徒たちに人気があった。上級生は「不徳の校長を追放しろ」という主張で、「校長の罪状十八か条」を列記してストライキを決行した。このストライキは成功して、校長はじめ多くの教師が転任になるのだ。西条版『坊っちゃん』のような話だ。

◆西条高校の校章をデザイン

「野だいこ」のモデル・高瀬半哉はもともと西条出身で、十河は図画と習字を習っている。

ところが、高瀬の教え子葛城光彦氏によると「高瀬先生は冗談はいっさい言わず、まじめ一点張りの先生」だったそうだ。ぺらぺらした羽織を着てお追従を言う「野だいこ」とは、似ても似つかない。地方史研究家の加藤正典氏は「漱石が松山中学に在籍した時期、画学の先生は高瀬だけだったので、登場人物にされたのではないか」と解説している。

高瀬半哉の西条でのあだ名は「パン屋はん」。40年間、名物教師だった。高瀬は西条中学の校章をデザインした。この校章は、現在の県立西条高校に受け継がれている。

伊予西条駅そばの大念寺に高瀬の墓がある。

(参考「道前会報」平成19年3月1日発行　加藤正典)

松山中学から
美術教師
高瀬半哉が転任してきた
高瀬は西条出身だ
高瀬半哉《たかせはんや》
松山中学時代は
夏目漱石と同僚だった
坊っちゃん
夏目漱石
うらなり
赤シャツ
野だいこ
野だいこは
高瀬がモデル
だといわれ
ている
山嵐
坊ちゃん
マドンナ
十河は高瀬から
図画と習字を習った
高瀬は
西条中学の
校章を
デザインした
校章は今でも
西条高校で
使われている

1-6

理屈にあわないストライキは嫌いだ

素直に言うことを聞かず屁理屈をつけて抵抗する「よもくる精神」だ

◆ストライキもさまざま

前述のようなストライキはしばしば起きた。ただ学校をサボるばかりではない。あるとき、体操の時間に、全員が整列して行進し、校門の外まで歩いて行って校門を出た途端、一斉に逃げ出した。集団逃亡だ。浜辺で、相撲を取っていると、先生が「帰校するように」と説得に来た。その先生を仲間に引っぱりこんで一緒に相撲をしたという。

◆十河はガンコ一徹だ

十河が納得できないストライキ事件もあった。十河だけストライキをやろうとすると、上級生から「生意気だ」と言われて鉄拳制裁を受けた。顔じゅう殴られ、血だらけになったのだ。そこに、平井という友達が助けに入り、収まった。

西条の人間には「よもくる精神」がある。「よもくる」とは「素直に言うことを聞かず屁理屈をつけて抵抗する」ことだ。十河は教室でも議論をした。「校友雑誌」にも投稿をして、ボツになると、「なんでボツにした」と投稿する。

いよいよ学校を卒業するとき、校長が十河に「餞別をやるから、校長室に来い」と言う。珍しいこともあるものだと行ってみると、校長が「お前ぐらいわがままで強情な人間はいない。学校だからもっていたようなものだが、世の中はそれじゃ通らないから注意しなさい。この言葉が、せめてものはなむけだ」と言った。のちに十河は「その言葉が忘れられないが、なかなか直らないものだ」と語っている。

◆家康の孫が作った藩だ

西条の人間は「西条は痩せても枯れても天下の御連枝《ごれんし》（徳川御三家から分家立藩した親藩大名）3万石だ」と言う。もともと寛永のころに、伊勢神戸の一柳《ひとつやなぎ》氏が転封となって西条藩ができた。時代が下って、家康の孫・松平頼純《よりずみ》が紀州藩の支藩として西条に入封した。吉宗が紀州より将軍になると、西条藩の2代目頼致《よりよし》が紀州藩6代目当主となる。つまり、西条藩は家康の孫が作り、将軍家の紀州藩は西条藩が支えたということになる。

当時はしばしば生徒がストライキを起こした
ストライキ中だ中へは入れん
え〜
十河がひとりでストライキを起こしたこともある
抜き打ちテスト反対
ストライキだ
ぼこぼこ
下級生のくせに生意気だ
同級生がとめにはいった
信二〜大丈夫か〜
十河は「よもくる」*人間だった
*よもくるとは、素直に言うことを聞かず、へりくつをつけて抵抗すること
お前くらいわがままで強情な人間はいない世の中はそれじゃ通らんぞ
卒業のときの校長のはなむけの言葉だ

1-7 兄・虎之介のおかげで進学できる

住友別子《べっし》銅山《どうざん》があこがれの就職先だ

◆先祖はヤマトタケルの弟だ

第12代景行《けいこう》天皇の17皇子に神櫛王《かみくしのみこ》という人がいる。神櫛王はヤマトタケルの弟にあたる。十河家は神櫛王の後裔だと伝えられている。

先祖にあたる戦国時代の武将、十河一存《そごうかずまさ》は、十河一門の中興の祖と言われている。一存は戦国時代、兄である三好《みよし》長慶《ながよし》政権を支えた。しかし、徳川家康の時代になって十河家は圧迫をうけ、あちこちに逃げ回り、ようやく家系を維持したのだ。

◆住友があこがれの就職先だ

元禄3年（1690）新居浜の山麓部で銅山が発見され、新居浜の周辺は、住友銅山とともに発展した。

明治維新のとき、銅山は土佐藩に接収され、大阪本店の銅蔵は薩摩藩兵によって封印された。住友最大のピンチだ。そのとき大番頭・広瀬宰平《ひろせさいへい》が「経験のないものが鉱山経営をしてもダメだ」と、主張した。広瀬は近代化を進め住友を発展させた。

この広瀬宰平が中萩村に、製茶場と大邸宅を構えた。中萩の人間にとって住友はあこがれの就職先になったのだ。まずは高学歴の人間が就職できる。それで十河の兄・虎之介も東京に出て、東京専門学校（現・早稲田大学）で勉強していた。

◆兄の嘆願によって進学ができる

ところが、父親は兄・虎之介に「お前は長男だから農業を継げ」と命じた。兄は学業も就職も諦めるしかなかった。父は弟の信二にも「農業をやれ」と言う。兄は「オレは畑をやる。だから、信二は勉強させてやってくれ」と父に頼んだ。西条中学で秀才と言われている信二に、同じ思いをさせたくなかったのだ。

十河は「兄の無類の尽力によって、進学ができた」と、終生兄に感謝している。

別子銅山記念館が愛媛県新居浜市にある。当時の鉱山列車や資料が展示され、別子銅山の歴史を知ることができる。

新居浜は住友別子銅山とともに発展した
地元の人にとって住友はあこがれの就職先だ
広瀬《ひろせ》 宰平《さいへい》
幕末に別子銅山の総支配人になる
別子銅山の近代化をすすめ住友を発展させた
十河の兄・虎之介
早稲田で勉強していたが中萩に呼び戻される
おまえは長男だから農業を継げ
信二おまえも中学を出たら農業をやれ
オレが畑をやるから信二には勉強させてやってください
虎之介
兄の無類の尽力によって進学できた
十河は終生兄に感謝した

1-8

一高受験。4人受験して、4人とも受かった

難関の一高に全員パス。東京でも話題になった

◆一高を受けた4人が合格

十河は、一高受験のため東京に行くことになった。西条からは、沖で待つ住友汽船木津川丸に乗るのだが、西条は遠浅で、汽船が入港できない。そのために汽船までは艀舟《はしけぶね》で行った。

昔は、入学試験が7月で、9月に入学だった。春入学になるのは大正10（1921）年からだ。十河は同級生3人と一高を受験した。かつては、一中、一高、東大がエリートコースだ。いわゆる第一高等学校を一高という。

その一高に4人そろって合格した。1842人受けて、324人しか合格していない。「難関の一高に、4人受けて4人合格とは…」「西条中学とはいかなる学校か?」と、東京のマスコミで話題だった。

◆秋川というビリの生徒

十河は同級生35人といっしょに中学を卒業した。その中に秋川正義という男がいた。成績はビリで、ストライキも煽動する問題児だ。校長から「お前は学校に置いておきたくないから、卒業させる」と、餞別《せんべつ》をもらった口だ。

「卒業したらどうするんだ?」と聞かれ「陸軍士官学校を受ける」と答えると、学校では「お前など、受かるはずはない」と言われた。試しに受けると、トップで受かった。その後、陸士を出て、陸軍少将まで出世する。このころの「西条中学」のレベルは底知れない。

◆東京で娘義太夫《むすめぎだゆう》が流行する

十河は中萩出身の医者・岩井禎三《いわいていぞう》を頼って上京した。そのころの一高生は、「娘義太夫」を追っかけていた。「どうする、どうする」と声をかけるところから「どうする連」と言われた。

十河は文楽も好きになり、国鉄総裁になってからもよく出かけた。そのため十河の部下は文楽に付き合わされた。ある部下は文楽を最初と最後しか見ないで、あとはロビーにいた。そのことが十河にバレると、十河は「お前の見方はキセルだ」と言ったそうだ。

明治35年（1902）
西条中学から
4人一高*を受験して
4人とも合格した

難関の一高に
4人とも
合格とは
西条中学とは
いかなる
学校か？
*一高…旧制第一高等学校
卒業生の多くは東京帝国大学へ
進学した

西条中学の
同期生に
秋川正義がいる
成績はビリ
いつも
ストライキを
煽動する
問題児だった
ストライキだ
しかしみごと
陸軍士官学校を
トップで合格
陸軍少将に出世した

第2章

一高から東大へ

学生結婚、そして後藤新平との出会い

キクと結婚したころ（23歳）

キク東京音楽学校時代

東大生になると、実家に親戚中から
結婚話が舞い込んだ。
上京、結婚、そして恩師・後藤新平
との出会い。
十河の青年期はその後を決定づける
大きな出来事の連続だった。

東京帝国大学（東大）時代。左から3人目が十河

第一高等学校（一高）時代。左端が十河

2-1 初めは哲学をやりたかった。親は反対！

仕送り8円で、小遣いが残らないなあ

◆十河は哲学をやりたかった

初め、十河は哲学を勉強したかった。「高校は学問をするところというより、人間を作るところだ。人生の目的を探求するために高校に行くのだ」と考えていた。だが、父は「哲学をやっても寺の坊主にしかなれない。ならば学費は送らない」と言う。結局、法科に入った。

◆親からの仕送り8円でやりくり

親からの仕送りは少なく、8円で生活していた。5円が食費、1円が寮費、1円が学費だ。小遣いは1円しか残らない。

仲間で、1銭、2銭を出し合って、焼き芋を買った。「もなか」を買おうものなら、「ああ、ゼイタクをしてしまったなあ」と反省したものだ。

食べることにゼイタクはしない。ただ、甘いものが好きだ。ご飯に砂糖をぶっかけて食う。それで、十分だった。

（参考『有法子』十河信二）

◆安倍能成《あべよししげ》と友達になる

前述したように、十河は中萩出身で医者の岩井禎三《いわいていぞう》をたよって上京している。岩井の親戚には、安倍能成がいる。

安倍は、十河と同じ年に松山中学を出て、一高に入った。漱石門下の逸材で、後にカント学者になり、幣原喜重郎《しではらきじゅうろう》内閣の文部大臣を務めている。

十河は安倍能成と仲良くなった。安倍によれば「岩井に年頃の娘がいて、十河も自分も、その娘にあこがれていた」そうだ。もちろん、2人ともそれ以上の関係にはなっていない。

安倍は十河について語るとき「新居芋《にいいも》で有名な中萩の…」と言った。

安倍は岩井の娘への恋に破れて、藤村操《ふじむらみさお》の妹と結婚する。藤村操は在学中に自殺した十河の同期だ。藤村については後述する。

（参考『十河信二』）

十河は一高に入学した
18歳
哲学をやりたい
寺の坊主にでもなる気か それなら学費は送らんぞ 法科に行け
仕送りは8円 5円食費 1円学費 1円寮費
小遣いは1円じゃ
仲間と焼き芋を買って食べた
ほくほく
1銭
松山中学出身の安倍能成《あべよししげ》と仲良くなる
漱石門下の逸材だ カント学者で幣原喜重郎《しげはらきじゅうろう》内閣(昭和20～21年)の文部大臣になる
後の安倍
新居芋《にいいも》で(新居浜の芋のこと)有名な中萩の十河

2-2

「熊公」とか「鍾馗《しょうき》さま」とあだ名される

一高ファッションはバンカラそのものだ

◆**先生はそうそうたる人たちだった**

当時の一校校長は狩野亨吉《かのうこうきち》だ。博覧強記《はくらんきょうき》の学者で安藤昌益《あんどうしょうえき》の研究家だった。ドイツ語教師の岩元禎《いわもとてい》と菅虎雄《すがとらお》は有名だ。英語の講師は2年の4月までラフカディオ・ハーンで、後任は夏目漱石だった。漱石は東大と一高の講師をかねていた。

ドイツ語の岩元禎はすぐに落第点をつけることで有名で、生徒から「偉大なる暗闇」とあだ名されていた。岩元は漱石の『三四郎』に出てくる広田先生のモデルと言われる。

菅虎雄はスガトラという名物教師だ。同じく『虞美人《ぐびじん》草《そう》』の宗近《むねちか》くんのモデルと言われる。

漱石のエッセイにも、狩野亨吉や菅虎雄が登場する。当時の一高にはそうそうたる先生がそろっていたのだ。

◆**バンカラ・ファッションに身をつつんだ**

当時の一高生のファッションといえば、ボロボロの帽子、腰に手ぬぐいをぶら下げ、冷飯草履《ひやめしぞうり》を突っかけた。冷飯草履とは紙のように薄くなった草履のことで、ほとんど裸足だ。なぜ、新品の帽子や手ぬぐいが灰色なのかというと、わざと形をくずしたり、薄墨をぬったりしたからだ。そういうファッションをハイカラに対して「バンカラ」と呼んだ。野蛮の「バン」だ。

十河はむすっとしていて、ヒゲッツラだ。「熊公」とか「鍾馗さま」と呼ばれた。そのわりには、写真ではやさしい印象だ。

十河が一高に入ったころ、寮歌『嗚呼《ああ》玉杯に花受けて』が作られた。正確には「第一高等学校第十二回記念祭東寮歌」だ。

のちに、校長が狩野亨吉から新渡戸稲造《にとべいなぞう》に変わる。すると、バンカラな校風が西洋風に変わったという。

◆**一高人脈の強さの原点**

ボロボロのファッションをすることで、友達同士の親近感が増したのだ。一高は友達作りの場だった。今でも、高校人脈は強い。

学生時代の十河信二
熊公
鍾馗《しょうき》さまと呼ばれた
一高生のバンカラファッション
ボロボロの帽子
灰色の手ぬぐい
冷飯草履《ひやめしぞうり》
(わらじのようにぺったんこなぞうりのこと)
一高の名物教師たち
校長
狩野亨吉《かのうこうきち》 ▶
安藤昌益の研究家
＊江戸時代の思想家
身分制を否定した
ドイツ語教師 岩元禎《いわもとてい》
すぐに落第点をつける▼
偉大なる暗闇
落第
◀ドイツ語教師 菅虎雄《すがとらお》
英語教師
ラフカディオ・ハーン（小泉八雲）
▼
英語教師
夏目漱石 ▶

2-3

同期生・藤村操《ふじむらみさお》が華厳《けごん》の滝へ身を投じた

安倍能成《あべよししげ》はショックで留年。十河は精神世界へ

◆同期生・藤村操の自殺は大事件だった

明治36年（1903）、藤村操の自殺は大きな事件だった。藤村は「巌頭之感《がんとうのかん》」を残して、華厳の滝に身を投じた。

藤村は一部甲一年二の組だ。十河は一の組なのだ。友達の安倍能成や種田虎雄《おいたとらお》は藤村と同じクラスで、大変なショックをうけた。安倍能成は藤村と同じ哲学志望で、勉強が手につかなくなってしまい、ついに落第した。

十河もまた「高校は『人生の目的』を探求する場所」と、思い煩っていた。その矢先、哲学的な悩みで、同期の人間が自殺したのだ。当時のことはあまり語っていない。自伝『有法子《ユーファーズ》』でわずかに触れているだけだ。

◆十河も精神的に影響されていた

藤村操は享年17歳だ。北海道から出てきた。なかなかの美少年だった。漱石が英文学を担当していた。藤村に「きみの英文学の考えはまちがっとる」と言った。藤村はその言葉を苦にして、うつ病になったとも言われている。

185名もの青年が後を追って自殺を敢行《かんこう》する。そのうち、40人は本当に死んでしまった。華厳の滝の脇にあるミズナラに書かれた「巌頭之感」が影響した。そのため、当局はそのミズナラの詩を削り取ったという。

「巌頭之感」に登場するホレーショという言葉から、「ホレーショの哲学」と言われた。このホレーショとはハムレットの登場人物だ。

十河も多感なころで、以後、キリスト教や仏教の講演会にしばしば顔を出したという。

◆落第してきた岩波と同じクラス

安倍能成と、岩波茂雄《いわなみしげお》が落第してきて、いっしょに試験を受けた。そして、十河と同じクラスに入った。

岩波は2年で2度試験に落ちた。一高では2度落ちると、除籍になる。岩波も除籍になるが、東大哲学科選科に行った。後に岩波書店を創業する。

同期の藤村操が
華厳の滝に身を投げた
巌頭之感《がんとうのかん》
ミズナラに
刻まれた遺書
悠々《ゆうゆう》たる哉天壌《かなてんじょう》　遼々《りょうりょう》たる哉古今《かなここん》
五尺の小軀《しょうく》を以《もっ》て　此大《このだい》をはからむとす。
ホレーショの哲学竟《つい》に
何等《なんら》のオーソリチィーを價《あたい》するものぞ。
萬有《ばんゆう》の眞相《しんそう》は　唯《た》だ一言《いちごん》にして悉《つく》す
曰《いわ》く、「不可解《ふかかい》」。
我この恨《うらみ》を懐《いだ》いて　煩悶《はんもん》、終《つい》に死を決するに至《いた》る。
既《すで》に巌頭《がんとう》に立つに及んで、胸中何等《きょうちゅうなんら》の不安あるなし。
藤村と同じ組
安倍能成《あべよししげ》
落第してしまう
ガーン
種田虎雄《おいたとらお》
みんな
勉強が手に
つかなくなった
なんのために
勉強するのか
藤村の自殺は社会に
大きな影響を与え
後を追って多くの
若者が自殺した
岩波茂雄
落第してきて
十河と同じ
組になる
岩波は試験に
2度落ちて
とうとう一高を
除籍になった
後の岩波書店の
創業者である

2-4

靴がないので、足に墨を塗って授業に出た

代返がバレて、声がちがうぞ、と怒られた

◆靴のかわりに足に墨を塗った

十河は、成績は良くなかった。とくに体操は苦手だった。体操のときは、靴を履かなければならなかったので、生徒は体操の時間になると、その辺にある靴を勝手に履いて行く。

十河は生来スローモーで、遅れて行くと、靴がもうない。めんどくさいので、授業をさぼった。すると、誰かが「代返」（かわりに出席のとき返事をすること）してくれる。たまに十河本人が出席の返事をすると、体操の先生が「声がちがうぞ」と言った。いつもの「代返」がバレていたのだ。そのとき、靴がなかったので、十河は足に墨を塗って、靴に見せかけて出席していた。先生に足をジロジロ見られて、靴のかわりに墨を塗ったこともバレて、十河は二重に怒られたのだ。

◆一学年が80人なのに84人の同期会

一学年80人だ。入学時の席順で奇数が一の組、偶数が二の組だ。十河は一の組、前述の藤村操は二の組だ。

一高では「一日会」という同期会がある。一日でも机を並べたことのある人間は、同期の人間として会に参加できる。前述のように、岩波茂雄は落第して同期になった。もちろん、岩波茂雄も「一日会」に参加している。

一学年、80人なのに、落第組がいるので84人のメンバーがいた。

◆荻原井泉水《おぎわらせいせんすい》や中勘助《なかかんすけ》もいた

同期に荻原井泉水がいる。荻原井泉水は自由旋律俳人として有名で、「層雲」を主催した。河東碧梧桐《かわひがしへきごとう》も参加したが、井泉水との意見対立から別れている。「層雲」には、尾崎放《おざきほう》哉《さい》や種田山頭火《たねださんとうか》が投句している。

同期には、ほかに文学者の中勘助がいた。中勘助は漱石の講義を受けて影響を受け、漱石山房に出入りして、漱石の推薦で『銀の匙《さじ》』を書いた。

のちに政治家になった人間では、河原田稼吉《かわらだかきち》（内務大臣）、有田八郎（外務大臣）、下条康麿《しもじょうやすまろ》（文部大臣）、前田多門《まえだたもん》（文部大臣）がいる。

十河はよく体操をさぼった
十河信二
はい
友達が代返してくれた
たまに本人が出席して返事をすると
声が違うぞ
バレとる
なんだその足は
靴がないので足に墨を塗っていたのだ
また先生に怒られた
一高の同期は多士済々
十河
安倍能成
種田虎雄
岩波茂雄
荻原《おぎわら》井泉水《せいせんすい》
自由旋律俳人
力一ぱいに泣く児と啼く鶏との朝
中勘助《なかかんすけ》
文学者
『銀の匙』を書く

2-5

日露戦争に心を躍らせた

法律が苦手だが、なんとかパスした十河

◆40点以下なら土木作業員を紹介してやる

十河は体操のほかに法学も嫌いだった。もともと哲学をやろうと思っていのだ。「法学通論」という授業が苦手だった。英国の「コモンロー」という洋書がテキストだ。

60点以下は落第だ。40点以下は0点と同じ。ただ、なんか書いてあれば、書き賃として何点かくれた。先生は「40点しかとれないものは勉強に適さない。幸い私の友人が、樺太《からふと》で土建屋をやっている。土木作業員を探しているから、希望者は世話してやってもいい」と言う。一風変わったアドバイスだ。

十河はなんとか合格し、土木作業員にならずにすんだ。

◆日露戦争に心を躍らせる

明治33年（1900）中国（当時清王朝）で義和団事件が起きる。キリスト教を始め外国の勢力を排除しようとする運動だ。清朝政府はこの運動に乗じて列国に宣戦布告をした。8カ国連合軍（日・露・英・米・仏・独・伊・墺）がこれを鎮圧。日本軍が大活躍した。

これにより中国の植民地化が進み、ロシア軍が中国東北部にとどまる。朝鮮半島から中国への勢力拡大をねらっていた日本と、ロシアの対立が深まった。

明治36年（1903）には、今まで反戦的だった『萬朝報《よろずちょうほう》』が主戦論に変わった。堺利彦《さかいとしひこ》、内村鑑三《うちむらかんぞう》、幸徳秋水《こうとくしゅうすい》らは『萬朝報』を去った。当時の一高生たちは一般大衆とともに心を熱くした。

明治37年（1904）日露戦争が始まる。

◆十河も映画で見た

日露戦争は、引き分けに近い「勝利」だった。しかし、日本国内では「大勝利」として伝わった。勇ましい映画も作られたのだ。日本人の多くは勝利に沸き返る。十河も日露戦争の映画を見に行き、心を躍らせた。

日露戦争はアメリカの仲介により、ポーツマス条約が結ばれ終結する。日本は南樺太を割譲され、南満州の権益を取得した。長春〜旅順の鉄道の経営権と2つの炭鉱の支配権を獲得したのだ。十河がのちに関わることになる。

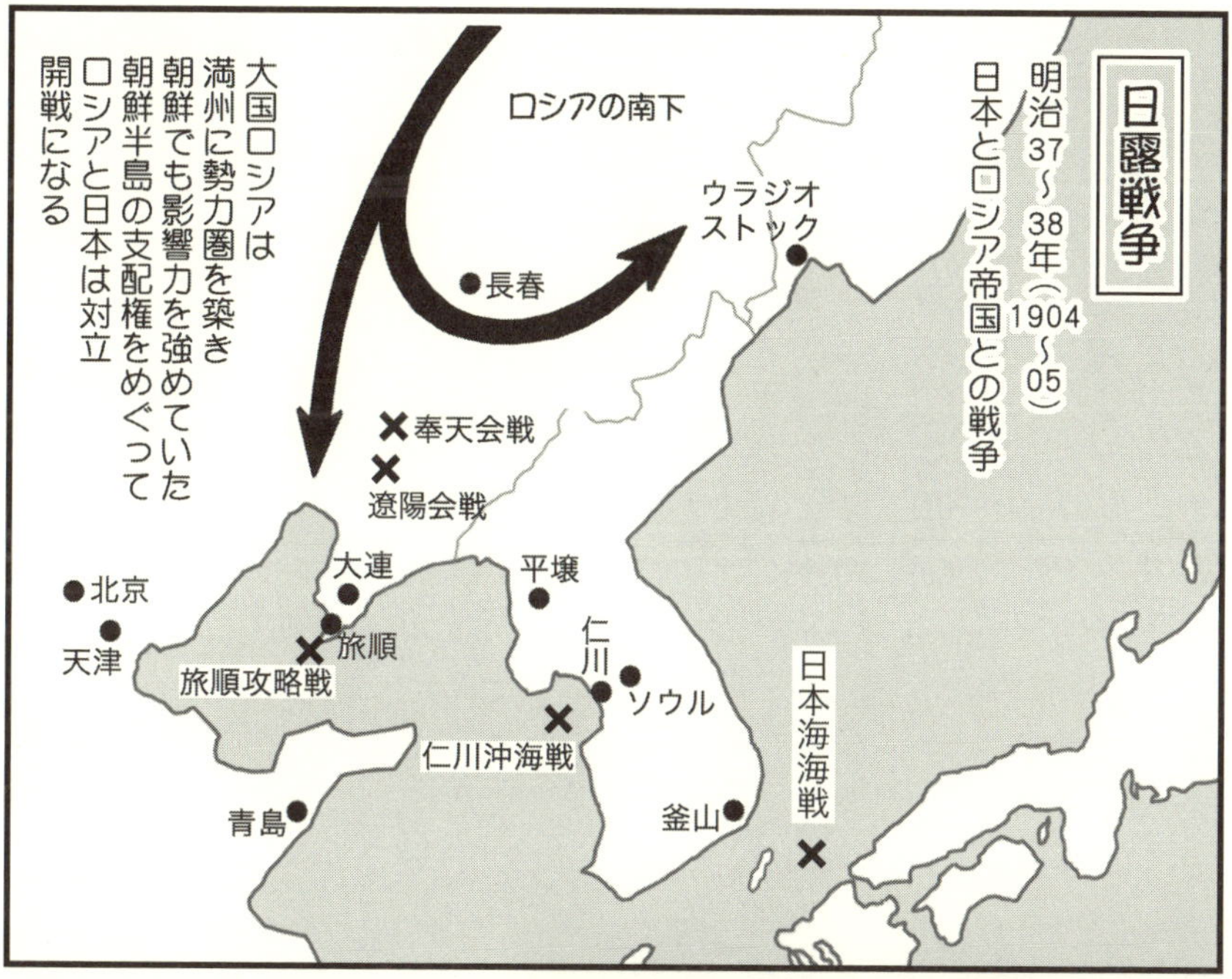
日露戦争
明治37～38年（1904～05）
日本とロシア帝国との戦争
大国ロシアは
満州に勢力圏を築き
朝鮮でも影響力を強めていた
ロシアと日本は対立
開戦になる
ロシアの南下
ウラジオストック
長春
奉天会戦
遼陽会戦
大連
北京
天津
旅順
旅順攻略戦
平壌
仁川
ソウル
仁川沖海戦
青島
釜山
日本海海戦

十河が一高生のときに
日露戦争が始まった
当時の学生は
日露戦争に心を躍らせた

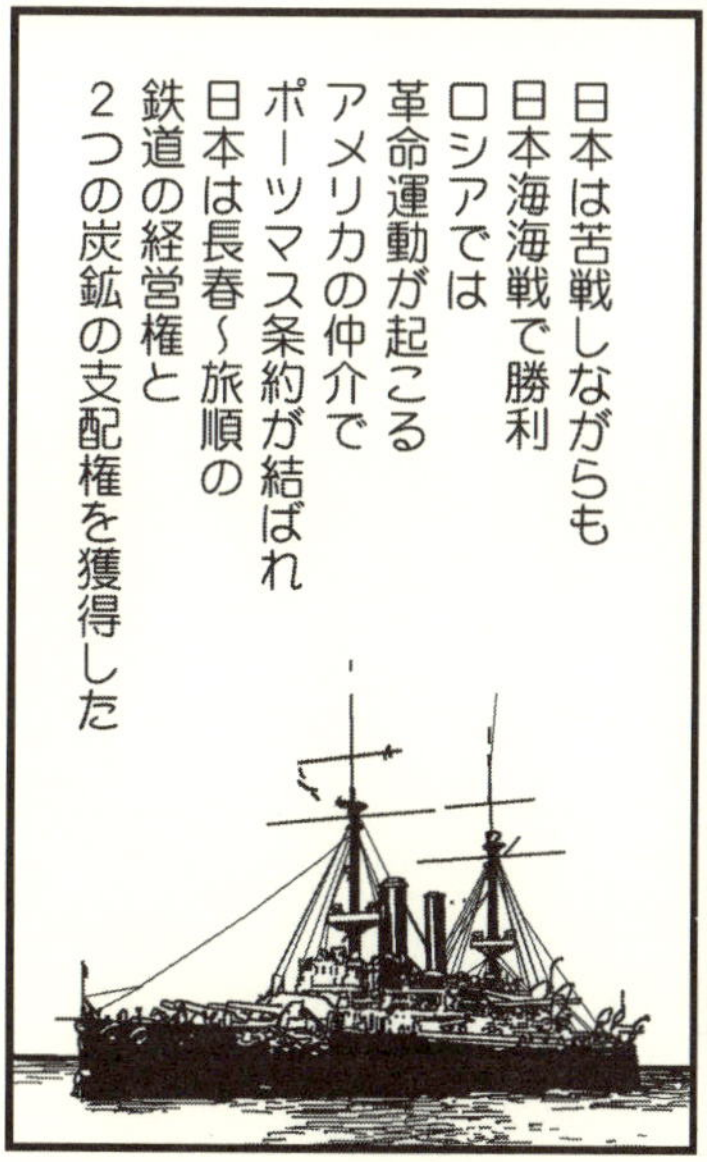
日本は苦戦しながらも
日本海海戦で勝利
ロシアでは
革命運動が起こる
アメリカの仲介で
ポーツマス条約が結ばれ
日本は長春～旅順の
鉄道の経営権と
2つの炭鉱の支配権を獲得した

2-6

東大の総長は白虎隊の生き残り山川健次郎

十河はなんとかスレスレで一高を卒業する

◆落第せず一高を出る

十河は西条中学時代、家に帰ると、うとうとと寝てしまう。真夜中に起きて勉強していた。一高の寮ではそうもいかず、結局朝まで寝てしまった。そのためか、あまり勉強が進まない。それでもなんとか、すれすれで一高を落第しなかった。

4人の落第組がいる。安倍能成《あべよししげ》(文学者、学習院院長)、岩波茂雄《いわなみしげお》(岩波書店創業)、岩永祐吉《いわながゆうきち》(ジャーナリスト)、荻原井泉水《おぎわらせいせんすい》(俳人)だ。みんな後に大物になった。十河は「落第すれば、大物になれたのに…」と冷やかされた。

一高は、他の学校のようなちゃんとした「卒業式」をしない。一高からほとんどが東京帝国大学(東大)に行く。一貫教育のようにメンバーが変わらない。ただし、2回、落第すると除籍だった。

◆無事、東大に進学する

というわけで、十河は東京帝大に進学する。入学したときの総長は山川健次郎だ。会津の家老・山川大蔵《やまかわおおくら》の弟で、白虎隊《びゃっこたい》の生き残りだ。会津落城直前の飯盛山《いいもりやま》で、白虎隊は自刃した。しかし、健次郎は幼すぎるので、切腹を許されなかったのだ。

明治4年(1871)、アメリカへ留学したとき、ライスカレーを初めて食べた日本人として有名だ。実際は、カレーが食べられないので、ご飯だけを食べたと記録にある。

十河が入学すると、山川健次郎は挨拶で「一度捨てた命」なので、清廉潔白に生きると言った。

◆その次の総長も潔癖な人だ

その後に浜尾新《はまおあらた》(法学、文学博士)が総長になった。浜尾は「学生の徴兵猶予」を守ったことで有名だ。

陸軍が「徴兵猶予を廃止しよう」としたところ、浜尾は陸軍の将軍を呼びつけて「きみたちは愚昧《ぐまい》の輩《やから》だ」と、しかった。将軍はもののわかる人だ。そのため、「学生の徴兵猶予」が守られたのだ。

十河は無事一高を卒業
東京帝大に進学した
21歳

東大学長
山川健次郎
一度捨てた命だ
清廉潔白に生きる
山川は白虎隊の生き残りだ
＊白虎隊…
明治維新のとき、会津藩は新政府軍と戦った（会津戦争）。会津の16～17歳の少年兵は白虎隊として編成された。二番隊は飯盛山で自刃した。

山川の後任
浜尾 新《あらた》
浜尾は学生の徴兵猶予を守った
学生にも徴兵を
陸軍
君達は愚昧の輩だ

2-7

民法の研究グループをつくり、法律嫌いを克服

まず、先生を歴訪して、法律の神髄を探した

◆教授たちを歴訪しよう

もともと、十河は法律をやりたくなかった。しかし、「どうせ4年やるなら、なんとか頭を切り替えよう」と思った。つまり、やる意義を見つけようと思ったのだ。

「まず、法律の先生を歴訪しよう。そうすれば、法文の基本にある精神や法の神髄がわかるだろう」と思った。

そこで、順番に法律の先生を訪ね歩いた。そして、「民法を学ぶのがよろしかろう」という結論を得た。

世のために働くには民法が必要だ。そう思い、ほかの授業をほっぱらかして、まずは民法に打ち込んだ。

友達4、5人で民法の研究グループを作った。早朝、図書館に行き、参考書を借り、辞書と首っ引きで、討論をした。

◆川名教授を毎週訪ねた

民法の先生は川名兼四郎だった。川名はドイツ帰りで、十河たちのグループの活動をたいへん喜んだ。

「どんどん質問に来い」と言う。そこで、十河たちは土曜や日曜になると、川名を訪ね、質問をした。グループの研究会も活況を呈した。

ところが数カ月たつと、川名は「君たちの熱意はうれしいが、じつは講義のために毎夜、夜2時、3時まで予習をするのだ。日曜ぐらいはゆっくりしたい」と弱音を吐いた。先生の重荷になってはいけないということで、先生の家には月1度くらいの訪問にした。

◆法律の頭ができた

川名先生の訪問の回数は減ったが、民法研究会はずっと続いた。

十河は嫌いだった法律が、好きになった。しかし民法ばかり熱心に勉強して、ほかの授業に力をいれない。そのため、成績はあまり良くなかったが、「法律の頭（リーガルマインド）」が作られた。

信二はもともと、学校とは「人間形成をする場」と考え、多くの教授に触れることを楽しみにしていた。

世のためには民法が必要だ
十河は民法の勉強に打ち込む
民法研究会を作った
議論
十河たちは民法の川名兼四郎先生を訪ね質問した
どんどん質問に来い
あまりに熱心なので…
日曜くらいは休ませてくれ
一高時代苦手だった法律が好きになった
法律頭ができた
しかし民法ばかり勉強したので他の科目の成績はよくなかった

2-8

妻・キクは東京音楽学校の女子大生だった

キクは清水次郎長一家の大政の姪

◆親は「早く結婚相手を連れてこい」と言う

十河の結婚は学生結婚だ。明治40年（1907）、東大2年生のとき、岡崎キクと結婚した。当時、十河信二23歳、キク19歳だ。父・鍋作《なべさく》は「広い東京には娘がたくさんいるはずだ。適当な女子を選んで、かってに結婚しろ。そうしないと、親戚が嫁候補を連れて来て、故郷でもめごとが起きるぞ。すぐに連れてきて、故郷で披露しろ」と言ったという。

キクは東京音楽学校（現・東京芸術大学）に通っていた。目元の涼しい美人だ。当時、十河は根津権現のそばの佐野家に下宿していた。佐野家は静岡出身で同じ静岡出身の岡崎家（キクの実家）とつながりがあった。

キクが十河と会ったころ、キクにはほかにも縁談があった。相手は鉄道の技師だ。ところが、十河が一方的に気に入って、結婚を申し込んだのだ。

◆十河家にはオルガンがあった

東京音楽学校に通うキクの2、3年先輩に三浦環《みうらたまき》（当時、柴田環）がいた。三浦環は日本初のオペラ『オルフェオとエウリディーチェ』に出演している。また、十河の家には、キクといっしょに久野久子《くのひさこ》の写真が残っている。久野久子は日本のピアニストの草分けだ。キクが初めてオーケストラを聞いたとき、「天上の楽ではないか」と感動したそうだ。

十河家にはオルガンがあった。しかし、キクが弾いたところをだれも見たことがない。

（参考「母――そのひろき愛に」加賀山由子《かがやまみちこ》『別冊十河信二』）

◆キクの叔父は清水次郎長一家の大政だ

キクの父は岡崎重陽《ちょうよう》といい、遠州中泉（静岡県磐田《いわた》市）の幕臣だった。重陽の兄は清水一家の大黒柱・大政だという。つまり、キクは大政の実弟の娘ということになる。

幕臣だった大政は武家を嫌って家を出た。弟の重陽は逓《てい》信《しん》省（現・NTT）の通信技師だった。ところが技師をやめて、北海道に居着いてしまう。やはり、公務員（武家）を嫌ってということか…。

明治40年（1907）
十河は東京音楽大学の女学生と結婚する
キク 19歳
十河 23歳
学生結婚だ
東大生の十河は超エリート
田舎では花嫁候補がいっぱいいきた
父・鍋作
早く嫁をもらって連れてこい
キクは他にも縁談があった
十河が一方的に気に入って結婚を申し込んだのだ
キクは大政の姪にあたる
大政
清水次郎長一家の一番の子分
清水次郎長
幕末、明治の侠客
明治期には清水港の整備、開墾、英語教育など文化事業も行った

2-9

後藤新平に「5番以内になれ」と言われる

いきなりスカウトされてしまった

◆初めは農商務省を目指していた

十河は初め、農商務省を目指していた。愛媛出身の法学博士に「自分は農民の倅だから、郷党のため働きたい」と言うと、「それなら農商務省がいいだろう」ということになったのだ。

あるとき、愛媛の先輩の松木幹一郎が「おい十河、後藤新平という偉大な人物がいる。一度、会ってみないか」と言うので会いに行った。後藤は十河に会うなり、鉄道院入りを勧めた。

◆後藤新平にスカウトされる

後藤は「国民に奉仕するなら、鉄道のほうが進んでいるぞ。これからは鉄道の時代だ」と言う。そして、「ところで、成績はどうだ?」と聞いてきた。十河が、「成績などどうでもいいではありませんか」と答えると、後藤は「悪いのだろう」と言う。「何番だ?」と聞かれて十河が「上から数えても、下から数えても同じくらいです。真ん中です」と答えると、後藤は「それじゃ、成績が悪いということだ。5番以内になれ。そうしたら、採用してやる」と言った。十河は民法研究会によって民法に自信を持ったので、やればできると思った。成績のいい生徒からノートを借り、彼が寝ている間に猛勉強した。十河は集中力に優れていたようだ。ついに2番になった。

後藤新平に「5番以内になりました」と報告すると、後藤は「嘘つけ」と言って信じない。十河が本当に2番になったと知って、後藤は生涯、十河をかわいがることにした。

◆東大出らしくないところが気に入られた

後藤新平は「スカウトの名人」と言われる。これと思った人間を引っ張って、かわいがった。もともと後藤新平は岩手の下級武士出身だ。後藤家は朝敵と言われ、食うや食わずで、苦学した。

だから、帝大出のエリートを嫌う。学歴などは関係ないという主義だ。ところが、東大出の十河を気に入ってしまった。ヒゲっ面の熊のような十河は、およそ東大出らしくなかったのだろう。

おい十河
愛媛の先輩
鉄道院の松木幹一郎
西条市
（当時周桑郡）出身
後藤新平という大物がいる会ってみろ
鉄道院総裁　後藤新平
鉄道院に入りなさい これからは鉄道の時代だ
5番以内になれ そうしたら採用してやろう
十河は猛勉強して2番になった
後藤総裁のハナをあかしてやる
後藤新平
明治大正昭和を代表する官僚、政治家
鉄道院総裁として日本の鉄道を整備した
十河の生涯の恩師だ

第3章

国鉄時代

早くも始まった広軌論争

東京帝国大学（東大）卒業のころ。ひげをたくわえた十河（25歳）

27歳のとき1年志願兵なる（右から4人目が十河。1911年ごろ）
翌年満期除隊となり復職

開業当時の東京駅（1914年ごろ）

長男鉊作が生まれ十河は父となった。その翌年、東大を卒業し、鉄道院に入るも2年間、仕事はなかった。辛抱たまらず後藤新平のもとへ。後藤はこれからの時代を見据えて、労働問題を勉強するよう指示した。

十河を鉄道院へスカウトした後藤新平。
初代鉄道院総裁に就任する（後藤新平記念館提供）

3-1 キクを十河の実家におくり、高文の試験を受ける

高等文官試験が、就職のあとにあった時代だ

◆キクを十河の実家で生活させた

十河とキクの結婚生活が東京で始まった。すぐに長男・粭作が生まれた。十河への田舎からの仕送りが15円に増えた。

親は「十河家の家風に合わせなければいけない。キクを田舎で少なくとも1年、生活させろ」と言うのだ。キクは、十河が卒業するまで、中萩にある十河の実家にいた。

十河の親は「キクは感心な娘だ。お前はよい女を嫁にした。田舎に来てから1年、紅おしろいをつけたことがない。東京で生活していたというのに、飾ったところがない」とほめた。当時の愛媛の人間は、東京音楽学校の女学生など「別世界の人」のように思っていたのだろう。

キクの中萩での生活は2回ある。1度目は十河の東大卒業まで、2度目は鉄道院就職後、長女由子《みちこ》が生まれたとき（明治43年〈1910〉6月）だ。

◆官僚になってから登用試験があった

明治42年（1909）7月、十河は大学を出て、役所に就職した。昔は7月卒業だ。大学生は4年の4月になると、先輩のもとを訪ね、就職を斡旋してもらった。

そして11月に「高等文官試験（略して高文）」がある。「高文」は高級官僚登用試験のこと。十河は7月に役人になってから、有給休暇をもらい、11月まで「高文」の勉強をさせてもらった。

◆高等文官試験で先生と議論をする

今とシステムが違い、役人になってから「高文」を受けた。「高文」を通っていなくても官僚になれたのだ。

十河が試験日の最後の受験生だった。十河は試験官の勝本勘三郎先生に「先生の民法の考えは間違っている」と議論を始めたのだ。それがあまりにしつこいので、先生がギブアップした。

「もう遅いから、一緒に帰ろう」と先生から切りだしたが、帰りの電車の中も議論は続いた。十河は「高文」に9番で合格した。

明治41年（1908）
長男耠作《こうさく》が生まれる
キクを田舎で生活させるように
十河家の家風に合わせてもらわんと
キクは十河と離れて中萩で暮らす
紅おしろいもつけない質素な暮らしだ
東京の女学生だから派手かと思ったらキクは感心な娘だ
よい嫁をもらった
そのころ十河は文官試験（公務員試験）を受け9番の成績で合格した
先生の民法の考えは間違っとる
試験官に議論をふっかけた

3-2

後藤新平から「生意気だ。ヒゲをそれ」と言われる

同居人の野間が十河の給料を飲んでしまった

◆給料を野間恭一郎《のまきょういちろう》が飲んでしまった

十河は妻子を田舎に送った後、いとこの野間恭一郎といっしょに小石川原町で共同生活を始めた。野間恭一郎とは兄弟のように仲がよかった。

西条中学時代から、野間は酒を飲んだ。当時「もう、飲まさん（野間さん）」とシャレを言ったくらいだ。十河の給料はみんな野間に飲まれてしまったという話さえある。

鉄道院に入ったころ、給料が40円、家賃が９円で、酒屋の支払いが15円以上あったと言う。そのため、田舎のキクに送金するつもりが、１銭もできなかった。それでもキクは苦情を言わなかった。

◆後藤新平が技術屋を大リストラ

明治41年（１９０８）に、鉄道院初代総裁・後藤新平は思い切った人事の刷新をした。無能で怠慢な役人を７０６人、整理した。42年（１９０９）は３４７１人、43年（１９１０）は６７４４人の人員整理だ。４８００人以上の人間を整理した。

この時代、人員整理というと、ほとんどクビだった。それまでは技術屋が幅を利かせていて、「技術屋であらずんば人にあらず」という感じだった。

日本中に鉄道を敷かなくてはいけない。そんな時代だ。鉄道院は９万人の大所帯になった。もう、技術屋では経営ができない。そこで後藤は多数の法学士を東大や京大から採用することにした。そこへ十河が採用になったのだ。

◆生意気だ。ヒゲをそれ

十河は東大時代、鍾馗《しょうき》さまのようなヒゲを生やしていた。しかし、社会人になると、「バンカラ」というワケにもいかない。後藤新平から「生意気だ、ヒゲをそれ。オレは総裁だが、それでも、鼻の下に少しヒゲをはやしているだけだ」と言われた。つまり、後藤は十河に「オレより偉そうなのはけしからん」と言うのだ。十河が「身体髪膚《しんたいはっぷ》、これを父母に受く。あえて、毀傷《きしょう》せざるは孝の初めなり、を実践したまでです」と言い返したが、却下され、結局、ヒゲをそらされてしまった。

十河は後藤のすすめで鉄道院に入る
生意気だ ひげをそれ オレより えらそうなのは けしからん
公務員に なったら バンカラも できんのう
5歳年下のいとこ 野間恭一郎と 共同生活をした
野間は のんべえだ
十河の給料は 野間に飲まれて 残らなかった
14円に なります
酒
キクに1銭も 仕送りしない こともあった

3-3 2年間、風鈴のようにブラブラしていた

鉄道院は多くの私鉄を吸収し、派閥だらけ

◆鉄道院では仕事をさせてもらえず

7月に鉄道院に入り、11月の「高文」まで有給休暇をとらされ、十河はブラブラしていた。その後、経理部庶務課勤務。じつはここでも、ただブラブラしていた。

翌年の明治43年（1910）4月に、総裁官房勤務、会計課勤務と移る。所属は変われど、勤務先は変わらない。やっていることといえば、マッチの軸を指ではじいて、暇つぶしすることだった。あとは新聞整理だ。まだまだ、技術屋が幅を利かせている。法学士なんて相手にされない。十河は、課長の机の脇の「風鈴」とさえ言われた。

◆どこの派閥にもはいれない

鉄道国有法に基づき、明治39年（1906）から40年（1907）にかけて、政府は17の私鉄を次々と買収し、国有化していった。十河が鉄道院に入ったころに一段落するが、私鉄あがりの人間がたくさん派閥を作っていた。

十河は、派閥を「コブ」とよんだ。「コブは17も18もあってどのコブにも入れなかった。新米は無視された」と振り返っている。

◆見習い先から勝手に帰って来た

十河の同期は、自らすすんで現場に出ていた。地方の駅の営業だけでなく、車掌、機関士、保線まで、現場の仕事の見習いになった。

十河は反対で、「無責任な見習いで、現場の担当者のジャマをするくらいなら、必要なし」と言っていた。だから十河は、長野市の鉄道経理事務所に見習いに出されたとき、2日で勝手に帰って来てしまった。

十河が「もし、仕事を教えていただけたら、人並み以上に働きます。それでダメなようなら、遠慮なくクビを切ってください。私は見習いの必要がないと思って帰ってきました」と言うと、後藤新平は、この頑固者にあきれて、「新聞でも読んでいろ」と言って放っておいた。こうしてまた十河のブラブラ生活が続いた。

十河は
鉄道院
経理部庶務課に配属
← 総務官房
← 会計課と転属
ブラ
ブラ
十河は暇だった
当時鉄道院は
私鉄を吸収し
国有化していった
私鉄
私鉄
私鉄
国有化
私鉄
私鉄
私鉄
系列で派閥《コブ》ができた
新米は無視だ
どこのコブにも
いれてもらえん
長野市の経理事務所に
見習いに出されたが
2日で帰ってくる
見習いなんか
現場のジャマだ
わしに見習いは
必要ない
気に入らんなら
クビにしてくれ
頑固者め
新聞でも
読んでろ
十河のブラブラは続いた

3-4

鉄道が経済に与える重要性を知る

ついにブラブラから脱却。会計検査係へ

◆ブラブラ生活は2年も続いた

十河のブラブラ生活はまだ続いていた。十河は、鉄道院理事で同郷の松木幹一郎に相談した。松木は前述の、十河を後藤に紹介した男で、のちに関東大震災のとき、復興院の副総裁になる。

松木は「そう焦るな」と言って、十河にジョンソンの『レールロード』とアックウォースの『レールウェイ・エコノミクス』を紹介して読むように言った。十河はさっそく、丸善に行ってその本を買って来た。

まさに「怪我の功名」だった。時間をもてあまし仕方なく読んだ本だったが、十河は経済に目を開かれた。初めて、鉄道が経済に与える重要性を理解できたのだ。じつは、十河は東大時代に経済学を習っているが、そのころは、本を熟読してテストを受けても理解できていなかった。

◆十河は、鉄道経済要論を訳して出版した

同期の笠間杲雄《かさまあきお》と相談して、アックウォースの『レールウェイ・エコノミクス』を翻訳することにした。十河が1章を訳せば、笠間が2章を訳す。約200ページの翻訳ができた。アックウォースの許可を得て、『鉄道経済要論』を出版した。最初のブラブラ、つまり「高文」の試験の前からこの本の翻訳が始まった。出版したころも、まだブラブラが続いていた。

◆ブラブラから脱出する

ある日、十河は後藤の所に行き、「せっかく採用していただきましたが、このように青春を無駄にするのは苦痛です。今日限りやめさせてもらいます」と言った。

後藤は「どんなことでもすると言ったではないか。もう辛抱できなくなったのか」と、反論し、「もう課長の命令に従わなくていい。局や課の仕事をするな。僕の命令に従えばいい」と加えた。

後藤は十河に「これからは人間関係が重要だ。労働問題を今から勉強しておけ。職員給与と福利厚生だ」と言った。そうして、十河は会計課の検査係にまわされた。十河は「会計検査院の下請け」のような仕事をすることになる。

暇なら本を読め
松木幹一郎
RAILROAD
THE ELEMENTS OF RAILWAY ECONOMICS
W. M. ACWORTH
OXFORD
AT THE CLARENDON PRESS
『レールウェイ・エコノミクス』を同期の笠間杲雄《かさまあきお》と翻訳した
『鉄道経済要論』を出版
鐵道經濟要論
十河は鉄道が経済に与える重要性を理解した
せっかく採用していただきましたが青春を無駄にするのが苦痛です辞めさせてください
もう辛抱できなくなったのか
労働問題を勉強しろ給与と福利厚生だ
これからは人間関係が重要だぞ

3-5

後藤は早くから鉄道員の健康状態に関心があった

十河にも福利厚生を研究しろと言う

◆鉄道は政争の具になるな

後藤新平は十河の訳した『鉄道経済要論』に、メモをしながら読んでいた。後藤は逓信大臣と鉄道院総裁を何度も兼任している。

後藤は鉄道のことが常に頭から離れなかったようだ。後藤は「鉄道は官僚化しやすいから注意が必要だ」と言っていた。仕事が怠慢になり、保守的になりやすいと言うのだ。

さらに「政争の具になるな」と言った。新線の建設は選挙に利用されやすい。政治家に各種の鉄道利権を濫用させないために、鉄道を政治の渦外《かがい》におくべきだと考えていた。

◆日本中の駅を視察して便所や風呂に飛び込んだ

後藤はもともと医者だった。鉄道院総裁になると、日本中の駅を視察して廻った。医者としての見方があったのだ。各駅でトイレをのぞいたり、いきなり風呂に入って来たりする。使用中の駅員は大慌てだ。無理もない。風呂に入っていたら、突然、総裁が入ってくるのだから。

突飛な行動をとっているように見えるが、じつは職員の台所や食堂、睡眠の状況をチェックしていたのだ。後藤は福利厚生、健康、福祉、労働条件に対して、早くから取り組んでいた。鉄道職員9万人の寝食に関心があったのだ。

買収した17の私鉄には格差がある。後藤は「大家族主義」や「信愛主義」を主張した。また制服や徽章を制定したのも後藤だった。

◆早い時期から広軌鉄道を主張

後藤の演説は、「論理を踏み外す」「相手を熱烈に攻撃」「独り合点の五里霧中」と非難された。後藤の演説は論理が突飛で、話が壮大になって行く。ついたあだ名は「大風呂敷」。

後藤は早い時期から、「鉄道を広軌にしろ。欧米先進国並にして、近代化を急げ」と言っていた。その背景には新幹線を作った技師島秀雄の父、島安次郎がいた。安次郎は欧米でも認められた車両工学の大家だ。後藤の広軌論は、単に大風呂敷ではない。先見の明であった。

後藤新平の主張
鉄道は政治の利権に濫用されやすい 鉄道を政争の具にしてはならない

明治41年（1908）後藤は鉄道院の初代総裁に就任 広軌論を提唱した
鉄道は広軌にしろ 近代化を急ぐのだ
背景には島安次郎の技術力があった
島安次郎
鉄道院技術幹部 車両工学の大家
線路の幅
狭軌
広軌（標準軌）
1,067mm
1,435mm
＊国際的には1.435mmを標準軌と呼び、それより広いものを広軌、狭いものを狭軌という。日本には広軌がないため、標準軌を広軌と呼んでいる。

後藤は医者出身 鉄道職員の健康に関心があった 視察の際突然職員の風呂に入って来た
後藤総裁?!

3-6

東京駅、東海道線、広軌鉄道が始まる

後藤新平の夢が一つずつ形になっていった

◆東京駅の設計を開始

明治41年（１９０８）中央停車場（現・東京駅）が起工される。同年の12月、後藤新平は鉄道院初代総裁となる。東京駅の建設は鉄道院の直轄工事で、総監督は岡田竹五郎だった。技術指導はドイツ国鉄のフランツ・バルツァー。駅舎設計は日本銀行を手がけた辰野金吾《たつのきんご》に委嘱された。

基礎工事に松の木の丸太が１万本以上使われている。さらに４尺のコンクリートと２尺のレンガで補強した。松の木の基礎は耐震性に優れている。徹底した地震対策で、関東大震災にも見事に耐えた。

後藤は「東海道線は直線ルートを考えろ」と言っていた。

箱根を越えて御殿場《ごてんば》に出るルートだと、時間がかかる。丹那《たんな》トンネルを作って、熱海を通る直線だと早い。後藤の時代に調査は始まった。東海道線のルートは、のちに十河に受け継がれる。

◆島安次郎《しまやすじろう》が国産大型機関車を設計する

鉄道のゲージ（線路の幅）は国際的には１４３５ミリを標準軌と呼び、それより広いものを広軌、狭いものを狭軌という。日本では広軌がないので、標準軌を広軌と呼んでいる。日本の鉄道はイギリスの指導で狭軌で始まった。大隈重信《おおくましげのぶ》が「日本は狭いのだから、狭軌で十分」と言った、という説がある。

明治39年（１９０６）から40年（１９０７）、政府は17の私鉄を買収して全国に広がる国有鉄道とした。その国有鉄道の輸送力を担う国産の標準型機関車が必要であり、技術者・島安次郎が中心になって、大型機関車を製作した。

◆政権に左右される、広軌狭軌論争

後藤新平は「経済の発展には広軌鉄道が必要」と主張し、明治44年（１９１１）４月に、東京〜下関間の広軌鉄道改築準備委員会を作った。会長は総理大臣桂太郎《かつらたろう》で、副会長が、鉄道院総裁後藤新平だ。ところが、８月30日、西園寺公望《さいおんじきんもち》内閣ができると、原敬《はらたかし》が鉄道院総裁になる。広軌案は「財源の見込みが立たず」という理由で、あっさり握りつぶされた。その後も、政権が変わるたびに論争は続いた。

明治41年（1908）
中央停車場（東京駅）が起工される
同年後藤は初代鉄道院総裁になった
総監督は岡田竹五郎技監だ

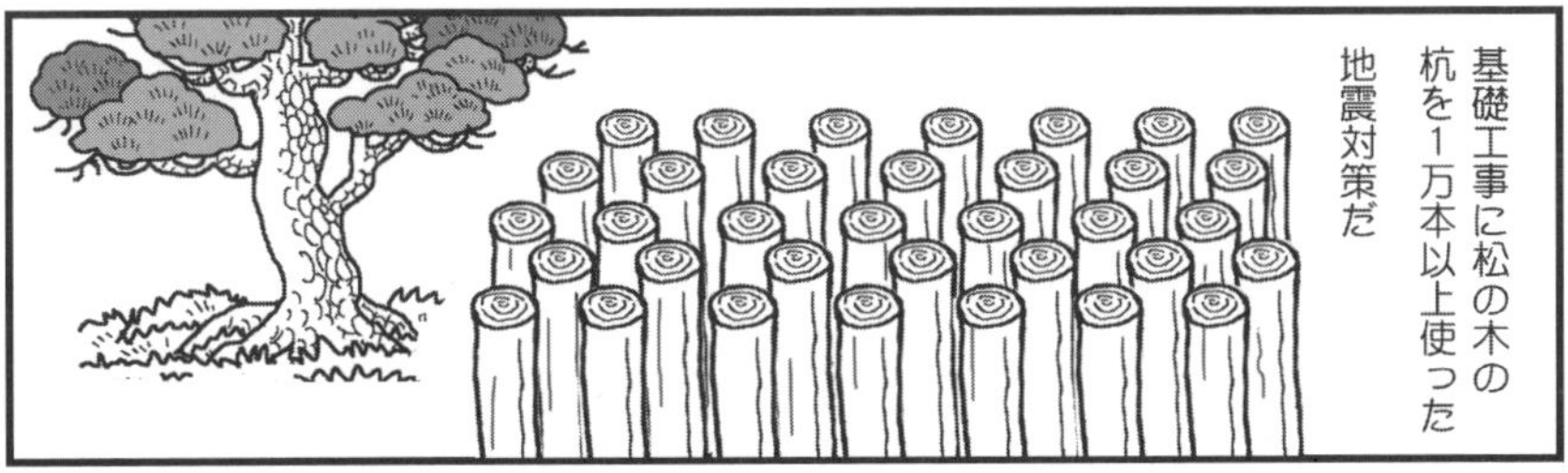
基礎工事に松の木の杭を1万本以上使った
地震対策だ

明治44年（1911）
広軌鉄道改築準備委員会をつくる
経済の発展には広軌鉄道が必要だ
島くん大型機関車を設計してくれ
西園寺公望《さいおんじきんもち》内閣に広軌論はつぶされた
予算がない
▲島安次郎が設計した9600型蒸気機関車

3-7 志願兵として1年間兵隊暮らしをする

「なまいき」や「わがまま」ではとおらない

◆西条中学のビリの秋川がきた

明治44年（1911）、十河は近衛《このえ》歩兵連隊歩兵第一連隊に志願兵として入隊した。志願兵は、お金を出すと、1年間の兵隊生活で済ませられる。通常は2年だ。

西条中学のクラスメイトでビリの秋川正義が陸軍士官学校を出て、中尉になっていた。その秋川がしばしば営舎に遊びに来たのだ。秋川は「中隊長の言うことなんて、きかなくていいよ」と、冗談を言った。

兵役の間は給料が出ない。キクはまた中萩の十河家に妻子で身を寄せた。

◆十河が軍隊でしぼられた

それまで、十河は「なまいき」で「わがまま」で通用していた。ところが、軍隊ではそうはいかない。

寒中、なかば駆け足で市ヶ谷の営舎を出て、市中を通り、多摩川まで行き、折り返して、営舎に戻って来る。お堀の石垣も登らされた。このときが一番怖かったそうだ。石垣はつかむところがない。石はグラグラ。落っこちたら、堀の中に真っ逆さまだ。

冬には、氷の水で洗濯をするのが辛い。洗濯物を干して、練兵に出る。帰ると、洗濯物が地べたに落とされ、べちゃべちゃになっていた。班長に「洗濯の仕方が悪い」と、地面に落とされていたのだ。そんなことが何度かあった。

◆慣れてくると、サボリも考える

軍隊生活は十河にとって辛い思いの連続だ。ところが、慣れてくると、サボリを得意とするようになった。新兵は外出できない。ところが、9人そろうと簡単に外出できた。部隊が出動するわけだ。部隊全員が出動するという届けを出し、かわりばんこに遊びに出かけた。

中尉が日銀に行くとき、3人ぐらいの兵隊がお供をする。中尉が日銀で用をしている間、三越の脇の焼き鳥屋で一杯飲んでいた。

明治44年（1911）
十河は志願して
1年間兵隊暮らしをする
中学の同期
ビリの秋川正義が
中尉になっていた
よお十河
中隊長の言う
ことなんか
きかんでええぞ
訓練は
きつかった
ざっざっ
「なまいき」
「わがまま」は
通用しない
石垣を登るのは
命がけだ
落ちたら堀へ
真っ逆さまなのだ
慣れてくると
サボリも
覚えた
焼き鳥で
一杯

第4章

西条学舎

苦学生の育英に力を尽くす

林町の西条学舎前で（前列左から４人目が十河、33歳のころ）

西条学舎の旅行

西条学舎の舎監になった十河は、学生が毎月開く例会に必ず顔を出した。キクは小遣いを快く貸してやった。関東大震災の時に寄宿舎に泊めた近所の人たちと、とても親しくなった。西条学舎は多くの絆を育んだ。

マシュー夫人。留学時代、ニューヨーク郊外のマシュー家で一時期を過ごした

帰国後、中国問題に詳しい森恪《つとむ》と出会う（『OLD MAN THUNDER』より転載）

アメリカ留学前に家族と（33歳　1917年）

4-1

医師・真鍋嘉一郎《まなべかいちろう》は十河の世話人だ

漱石や岩波の主治医でもある

◆博士にならずに、東大教授になった

十河の先輩に真鍋嘉一郎という医師がいる。生家は伊予西条駅の南側だ。真鍋は、松山中学から東大を出て、ドイツに留学した。

留学先で「研究するより、病人を治すほうが尊い」と悟り、博士号を取るのをやめて、卒業後、そのまま医師になった。のちに、真鍋は東大教授になったが、博士ではなく学士のままである。ドイツで「博士にならない同盟」を作ったほどの人物。博士以上の人と言われた。

権威を重んずる東大では、真鍋に「なんとか論文を出して、博士になってもらいたい」と頼んだ。しかし真鍋は聞かない。名誉とか、勲章が嫌いだった。後年、十河は真鍋の崇高《すうこう》な態度に影響されたと言われる。

◆漱石の布団にバッタを入れた

真鍋嘉一郎は愛媛の後輩の世話をよくした。十河も「上京してから、真っ先にご厄介《やっかい》になり、指導だけでなく、教えられたことが多かった」と言う。真鍋は十河だけでなく、岩波や漱石の主治医でもある。

真鍋は、松山中学で漱石に英語を習っていた。こんな話がある。真鍋が漱石に「先生の訳が辞書と違ってます」と言うと、漱石は「キミの辞書が間違っている。辞書を直しとけ」と答えた。

また、真鍋は漱石の布団にバッタを入れた張本人と言われている。このエピソードは『坊っちゃん』に使われているので有名だ。

◆十河は復興院でもお世話になる

明治44年（1911）、十河の師・後藤新平は、鉄道院総裁を原敬に引き継いだ。そのときの論文の中に「近く常磐《ときわ》病院を新設して」とある。常磐病院は後の鉄道病院である。

関東大震災のあとの鉄道病院の整備を、十河は真鍋に頼んだ。

真鍋《まなべ》嘉一郎《かいちろう》
医師。愛媛県西条出身
十河の先輩
研究するより病人を治すほうが尊い
勲章も嫌い
東大を出てドイツで医学を学ぶ
どうか博士号をとってください
東大
博士号はいらん
真鍋は学士のまま教授になった
真鍋先生には上京してから真っ先にご厄介になった教えられたことが多かった
真鍋は松山中学のとき夏目漱石に教わっている
先生の訳は辞書と違います
キミの辞書がまちがっている
辞書を直しておけ

4-2

育英団体の西条学舎を作るため、努力する

一軒家を借りて始めるが、学生が夜逃げをする

◆育英団体は1軒の民家だった

明治時代、維新に乗り遅れた中小の藩では、若者をなんとか明治政府に取り立ててもらおうとした。そのため、多くの藩では育英団体を作った。

明治の初め、松山藩で「常磐《ときわ》会」、宇和島では「明倫館」を作った。ところが西条にはまだなかった。

明治40年（1907）ごろ、学生も増えてきた。前項の真鍋《まなべ》嘉一郎《かいちろう》が「学生の修養と救済のために学生寮を作ろう」と考えた。

大正元年（1912）、小石川左内町に1軒の家を借り、7、8人の学生を住まわせた。真鍋は十河にそこの世話役を命じたのだ。

◆本当の寄宿舎を作ろう

食事の世話をするだけで手一杯で、舎監を置く余裕もない。寄宿舎とは名ばかりで、下宿よりひどい。学生がどんどん夜逃げをした。しかたなく十河が鍋釜のことまでやらなくてはいけなかった。監督という名の小使いだった。

これではいけないと、十河は、旧西条藩の関係者に相談をして、「なんとか西条出身学生のりっぱな寄宿舎を作ろう」ということになった。「今度は舎監をおこう」と言われ、十河が指名された。

先輩大倉粂馬《おおくらくめま》から1万5000円借りられた。「もし1年間で返金できなかったら、家を明け渡す」という約束だ。ところが、先輩諸氏に寄付を募ったら、5万数千円が集まった。それで、大倉粂馬にすぐに1万5000円を返し、残りの4万円を基金にした。これが西条学舎の始まりだ。

◆一時、借家で間に合わせる

大塚の護国寺《ごこくじ》の裏に、寄宿舎を作ることにした。隣に舎監用の小さな家も作ることができる。寄宿舎ができるまで、借家で間に合わすことにした。場所は小石川林町だ。東京帝大付属小石川植物園のそばになる。

ここは土方与志《ひじかたよし》伯爵の持ち家だった。土方は新劇の築地小劇場を作った、日本初の「専門演出家」だ。のちに、モスクワに行ったため、伯爵位を剥奪された。

学生の修養と
経済のために
学生寮を作ろう
十河君
世話役を
やってくれ
真鍋嘉一郎
小石川左内町に
一軒家を借りて
学生寮にした
7、8人いたが
何か不満が
あったのか全員
逃げてしまった
旧西条藩出身
学生のために
もっと
ちゃんとした
寄宿舎にしよう
寄付を
募る
5万
数千円
集まった
大塚の
護国寺の裏に
西条学舎を
建設することに
なった

4-3

西条学舎は苦学生を中心に入れようとした

病気のときは入院費まで出した

◆苦学生が多くなった

大正2年(1913)小石川林町の借家に「西条学舎」の看板をかけた。「西条学舎」のスタートだ。

今度は入舎生も厳しく選定しようということになった。十河や真鍋は、「金持ちの道楽息子はだめ」という考えで、貧乏だが苦労して勉強している苦学生が多くなった。

十河が学費の面倒をみてやったり、入院の費用を出してやったこともあった。

「岡本さん」という資産家の息子がいて、十河の娘・由《み》子《ち》《こ》の印象が悪かったようだが、この「岡本さん」はのちの西条市長・岡本達一《たついち》である。

◆学生の顔で悩みがあるとわかる

十河は林町の借家に住んだ。キクはこの家をたいへん気に入っていた。しかし、家賃が高くて、23円だ。鉄道院の給料が50円なのに、半分が家賃で消えた。

舎監の暮らしは楽ではない。1日2回は全学生と顔を合わせた。「おかげで、学生の顔色や動作で悩みがあるとわかった」と言う。「それでも一高生が試験に落ちて、悩んだ末自殺したことがあった」と述べている。キクも学生を舎監宅によんで、お茶をいれ、せんべいを食べながら相談にのっていた。難しい相談に容易に答えたという。

春秋には1泊旅行を学生たちとした。十河の一家もいっしょに行く。そうして学生と家族ぐるみの付き合いをした。

◆ふつうの学校でいい

十河の次男、健二が生まれるが、夭折する。大正5年(1916)、三男が生まれる。林町生まれで三男なので「林三」と名づけられる。

大正6年(1917)由子は学校に上がる。近所の子どもは、大塚窪町の高等師範付属小学校に行った。ところが、十河は「付属のような小学校に行くのはよろしくない。ふつうの子どもたちが行く学校で学ばなければいけない」と言う。由子を林町小学校に通わせた。小学校は、米屋、魚屋、八百屋の子どもたちがいる。中には妹を背負って子守りをしながら、学校に来る子どももいた。

大塚に宿舎ができるまで
小石川林町に家を借り
西条学舎の看板を掲げた
西条学舎
西条学舎の
スタートだ
十河は
舎監を務める
苦学生の面倒を
よくみた
病院へ行け
入院費は
出してやる
ゴホゴホ
舎監宅に呼んで
学生の相談にのった
おせんべいを
召し上がれ
長男給作
（明治41年生まれ）
林三
（大正5年生まれ）
長女由子《みちこ》
三男林三が
生まれた
（次男は夭折）
由子
（明治43年生まれ）

4-4

生活費がないので留学できません

アルバイトをして生活費をためる

◆アルバイトをしてようやく留学する

大正5年（1916）、春に十河と親友・種田虎雄《おいたとらお》など、数人にアメリカ留学の命がでた。「鉄道経済を調べてこい」という辞令だった。

7月、種田はアメリカに旅立った。ところが、十河は「せっかくの命令ですが…」と断った。じつは金がなかったのだ。留学生には学費200円が支給される。しかし、家族には3分の1の本給しかでない。今、50円でなんとか子供3人を食べさせている。家賃が23円。これで月給が3分の1になると、とても食えない。

先輩からは「留学を希望して、いろいろ運動する人もいる。留学命令を断るなんてもったいない」と言われた。

そこで、十河は留学の間の生活費をアルバイトで稼ぐことにした。鉄道の仕事もサボらない上に、夜学の講師をしたり翻訳を手伝ったりした。

1年弱で、生活費2000円を稼いだ十河は、大正6年（1917）2月、晴れてアメリカに出発した。

◆アメリカ女性の偏見がとけた

ＹＭＣＡの主事を頼ってアメリカに行く。十河は初め「アメリカ女性の立居振舞いは嫌いだ」と言っていた。

主事の紹介で十河は、コールフィールドという盲目の女性に英語を習った。コールフィールドは日本の歴史に詳しいので、十河は驚いた。

彼女に十河の下宿先を紹介してもらう。マシュー家だ。下宿して驚いた。朝食のオートミールやコーヒーに砂糖が入っていない。マシュー夫人は「戦場の兵士には糖分が必要だ。戦場に送るために、砂糖を控えている」と言う。自主的に節制していたのだ。

マシュー家を旅立ったあと、移転先に小包が届いた。中には古い靴下が入っていた。十河が捨てたつもりの穴のあいた靴下だ。その靴下の穴をちゃんとつむいで、洗濯して送ってきてくれたのだ。

十河は「こんな靴下、ありがたくて、はけません」と返事をした。

大正5年（1916）
アメリカ留学の辞令が出る
鉄道経済を調べてくるように
はい
種田虎雄《おいたとらお》
金がないから断ったよ
留学を断るなんてもったいない
アルバイトで生活費を稼ごう
夜学の講師
翻訳
大正6年2月（1917）
アメリカに出発した
マシュー家に下宿する
甘党
砂糖はありますか?
戦場に送るために砂糖を控えています
マシュー家から小包が届く
十河が捨てた靴下がはいっていた
穴をふさいでる
こんな靴下ありがたくてはけません

4-5 十河はいろいろな友達とつきあう

種田虎雄《おいたとらお》とはアメリカ時代に仲良くなる

アメリカでは島安次郎技監の仕事を十河と種田が手伝うことになり、十河と種田の仲がいっそう深まった。島安次郎とも関係ができた。

◆金持ちの戸田が窮乏を助けてくれる

十河はニューヨークにいたとき、すっかり学費を使ってしまった。外にも出られないので、「風邪をひいた」と仮病を使い家にこもっていた。そこにニューヨークに後からやってきた戸田直温《とだなおあつ》が訪ねて来て「十河、薬代を持ってきたよ」と言う。金を持って来てくれたのだ。戸田は十河の同期生で、大垣の大名の一族だった。

◆種田虎雄は楽天的ないいやつだ

十河の親友・種田虎雄がシカゴからニューヨークに遊びに来た。戸田と十河が迎えに行くと、種田は「なんか食わしてくれ」と言う。

種田は楽天的な性格だ。持ってた金を使い、飲まず食わずでニューヨークに来ていた。金がない種田は、金のない十河におごってもらおうとしたわけだ。

種田虎雄が腹ペコなので、町の気の利いたレストランでなく駅のレストランで食事をした。金持ちの戸田がいたので助かったのだ。

◆森恪《もりつとむ》は中国問題に詳しい

十河はアメリカ留学で「中国問題」を強く意識した。アメリカは、辛亥《しんがい》革命が起きると、徐々に中国よりの政策をとった。「日米対中国」の図式が、「米中対日本」に変化してくる。十河はアメリカで、アメリカと中国の急接近を感じた。十河は金がないので帰国できない。何度も「カネオクレ」と電報をうつ。ようやく1万円を送ってもらい、ひと月遅れで日本に戻った。

帰るなり、中国問題に詳しい人を訪ね歩いた。そして、森恪と知り合った。2人は意気投合した。森恪は北京語、上海語ができ、中国人に友が多い。孫文ともつきあっている人物だった。

第一次世界大戦中、日本は中国に対して、「二十一ヵ条の要求」を出して、特殊利権を確保しようとした。

ニューヨークで十河は学費を使い果たし外にも出られない仮病を使って寝ていた
トントン
薬代を持って来たよ
戸田直温《なおあつ》
大垣の大名の一族金持ちだ
種田がニューヨークに遊びに来た
お〜い
なにか食わせてくれ
種田も一文なしだ金持ちの戸田におごってもらった
ガツガツ
十河はアメリカで中国問題に関心をもった
中国寄りの政策
中華民国
二十一カ条の要求
辛亥革命《しんがい》
清朝を倒して中華民国ができた

4-6

西条学舎が正式にスタートする

十河がテニスコートや花畑を作った

◆護国寺《ごこくじ》そばに西条学舎が完成した

大正7年（1918）、護国寺の裏に寄宿舎が完成した。西条学舎のスタートが「大正2年」と記録にあるのは、林町の借家のことだ。

護国寺は五代将軍綱吉の母・桂昌院の菩提寺として有名だ。護国寺の墓所は、三条実美《さんじょうさねとみ》、大隈重信《おおくましげのぶ》、山県有朋《やまがたありとも》などの墓があり、散歩コースになっている。

大正7年（1918）、アメリカから帰った十河は、新しい寄宿舎に入ることになった。前述の寄付金4万円で基金を作り、舎生のために使うことにした。基金は、利回りの良い満鉄株で運用された。

◆北側の部屋はとても寒い

西条学舎の真ん中の左が舎監の家だ。右が寄宿舎で、6室32畳半だ。入り口は別々だが、舎監の家とは廊下でつながっている。

寄宿舎は20人の寄宿生が住んでいた。多くは6畳の2人部屋で、冬は北側の部屋が寒い。1年ごとに北側の人間と南側の人間が入れ替わった。北側の人間が多くの炭を使ったという。やはり寒かったのだろう。

2階に24畳の大広間があり、玄関に続いて食堂があった。食事代は一般よりは安かった。

賄《まかない》（食事係）のおじさんは江戸っ子だった。食事を外ですませるときは、黒板に書いておくか、おじさんに言えばよかった。

◆早朝のテニスが始まった

庭にテニスコートがある。花壇を作り、当時では珍しい芝を植えた。子どもたちを自由に遊ばせたら、芝は擦り切れてしまった。

夜遅く帰宅しても、十河の朝は早い。顔を洗うと、ラケットを持ってテニスコートに出る。ボールを打って寄宿舎の雨戸にぶつける。学生は寝ていられない。テニスのお相手をするのだ。

十河はドテラの裾をまくって、テニスをした。お世辞にもうまいとは言えなかった。

大正7年（1918）
十河は帰国した
護国寺裏に
新しい西条学舎が
完成した
テニスコートもある
十河は朝早く起きて
テニスをした
みんな
起きろ〜
相手しろ〜
バン
バン
寝ていら
れない…
舎生がぼやを出した
あ〜
ぼやは消えたが…
学舎を追い
出される
カミナリが
落ちる
よく消し止めた
がんばったのお

4-7

スイカにぶどう酒、イチゴにミルク

すこし、アメリカナイズされた生活だった

◆アメリカ土産はカタログだった

十河は娘の由子《みちこ》にアメリカのお土産を買って来なかった。ほんとうは買う金がなかった。しかし、アメリカの商品カタログを持って帰った。カタログには、洋服、イス、ジュータン、カーテンなどが載っていた。

由子が「いいな、いいな」と言っていたら、十河は由子のために『グリム童話』や『アンデルセン童話』を買って来たという。

◆舎生を惑わすマドンナ

十河はアメリカから帰ると、担当を転々とした。大正7年（1918）、経理局庶務課長、大正8年（1919）購買第一課長、大正9年（1920）が、会計課長だ。

担当が変わると、給料も上がる。十河は毎日夜の2時ごろまで勉強した。アメリカから持ち帰った原書を読み、多くの人を訪ねた。とにかく努力の人だと、キクは十河を尊敬している。へたなテニスも続いたようだ。

近くに「斉藤」という金持ちの娘がいて、テニスをやりに来ていた。美人というわけではないが、グラマーで、「マドンナ」と言われていた。

さっそく舎生の話題になった。キクは「あのような人と結婚してはいけません」と舎生をたしなめたそうだ。

◆スイカにぶどう酒をかけて食べる

夏になると十河家ではテニスをやり、スイカを食べた。スイカにぶどう酒をかけることもあったそうだ。舎生には、メロンやシュークリームを食べさせることもあった。

あるとき、十河が舎生を連れて、目黒のイチゴ農園に行った。

イチゴにミルクをかけて食べさせる。イチゴにミルクは珍しい食べ物だった。ほかにも舎生に珍しいものを食べさせたそうだ。

帰国後十河は
所属を転々とした
給料も上がった
経理局庶務課長
← 購買第一課長
← 会計課長
十河は毎日
夜中の2時まで
勉強した
とにかく
努力の人です
舎生にメロンや
シュークリームを
食べさせる
こともあった
わ〜
イチゴ
農園に
連れて
行く
イチゴにミルクを
かけて食べた

第5章

関東大震災

復興院の汚職事件でえん罪に

屋根が焼け落ちて外壁だけ残った新橋駅（1923年9月／共同通信社提供）

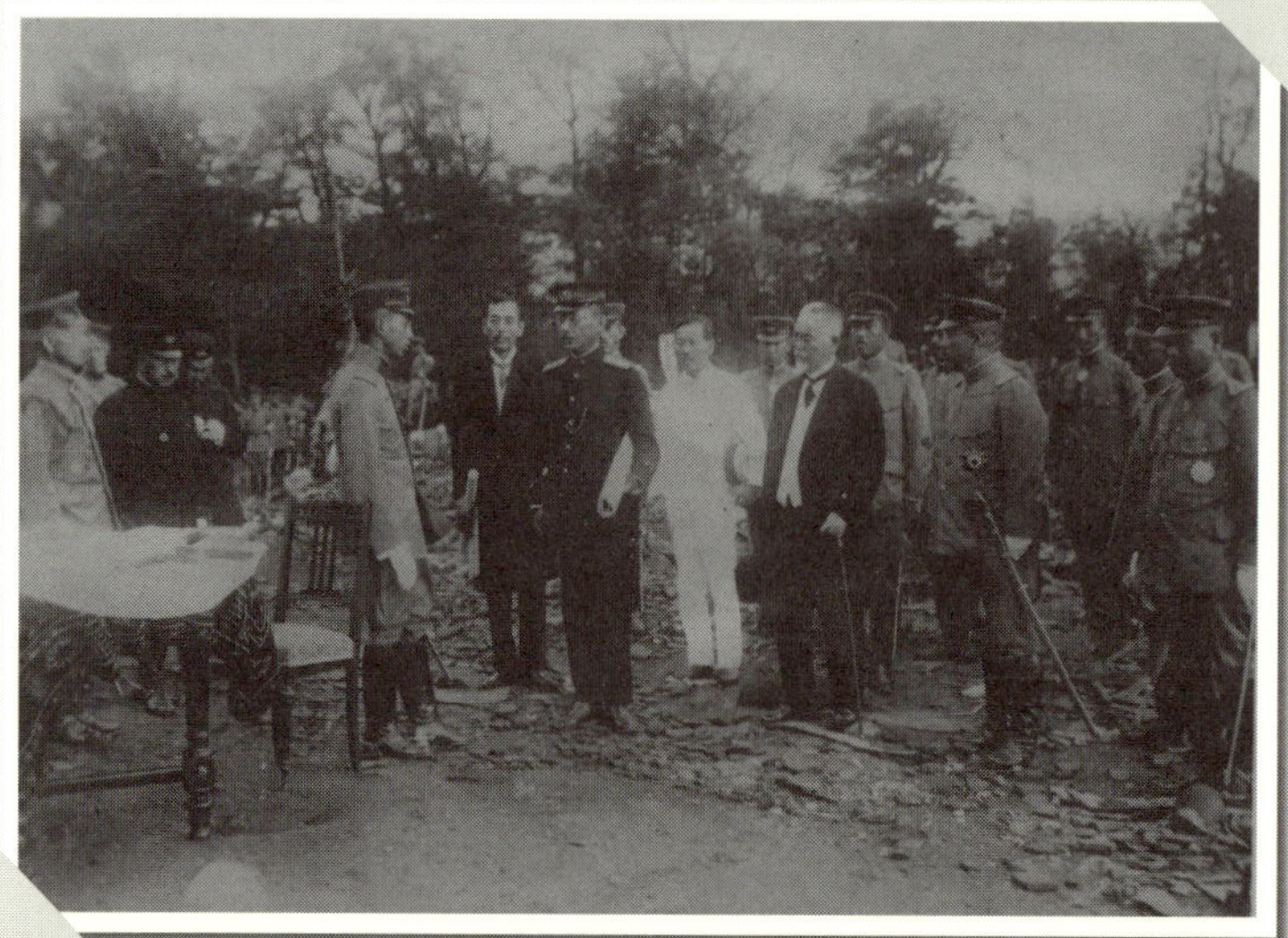

上野公園で焼け跡御巡視中の昭和天皇（裕仁皇太子時代）。
中央右が震災翌日、内務大臣に就任した後藤新平（1923年9月15日／共同通信社提供）

法廷で弁論に立った種田虎雄《おいたとらお》。
十河の無二の親友
(『十河信二』より転載)

仙石貢。十河の恩人
(『十河信二』より転載)

突然、1つの収賄事件をきっかけに十河は逮捕された。獄中、検事の苛烈な尋問に一歩も譲らなかった。
晩年、十河は「一番ためになった教育は、えん罪で97日間監獄へぶちこまれたことだ」と語っている。

帝都復興時代の太田圓三。
1923～1925年ごろとみられる
(伊東市教育委員会提供)

十河の従弟、野間恭一郎。
ベルリンから帰国して法廷に立った
(『十河信二』より転載)

5-1

明治以来、何度も広軌論争が起きる

政争の具そのものだった

◆わずかな線路の幅が大論争のもと

前述したように、世界の鉄道のゲージ（線路の幅）は国際的には1435ミリを標準軌と呼び、それより広いものを広軌、狭いものを狭軌という。日本には広軌がないため、標準軌を広軌と呼んでいる。広軌は、幅1435ミリ、狭軌は、幅1067ミリだ。広軌狭軌をめぐって、何度も論争が起きた。

◆安いという理由だけで…

明治3年（1870）、イギリスの鉄道の技術長エドモンド・モレルが「日本は狭軌でいいだろう」と言ったのが、日本の線路の幅が狭軌主流になった始まりだ。

モレルはニュージーランドと南アフリカで鉄道を手がけていた。ニュージーランドは山国なので、小回りのきく狭軌が良かった。南アフリカも金鉱の発掘のため、山の中に鉄道をつくる必要があり、狭軌が適していた。

大隈は鉄道のことをよく知らず、そもそも「狭軌」とは何か知らなかった。結局、大隈は「狭軌は安い」と言われて、狭軌に決定した、という説がある。

◆「改主建従」か「建主改従」か

一方、十河の師である後藤新平や、仙石貢《せんごくみつぐ》、中村是公《ぜこう》、島安《しまやす》次郎《じろう》などは広軌派だ。後藤新平は「大量輸送の時代には大型機関車になる。広軌鉄道が必要だ」と考えていた。

政党でいうと、憲政会（立憲民政党）が後藤らの広軌派、原敬《はらたかし》や床次竹《とこなみたけ》二郎《じろう》のいる立憲政友会が狭軌派だった。

憲政会は都市に地盤を持つので、都市間の大量の物流、スピード、サービスを優先するために広軌鉄道が有効であると考え、「改主建従」を主張した。まず、今ある鉄道を広軌化して、新たな線路の建設はあとにする案だ。

一方、立憲政友会は地方に地盤を持っていた。そのため、地方に鉄道をたくさん敷き、地方経済を活発にしようとした。その案は「建主改従」と言われた。

政権が変わるごとに、広軌派と狭軌派が交代し、政治家は地元に鉄道を敷くことに躍起になり、「我田引鉄」と言われた。

広軌狭軌論争
明治3年（1870）
イギリスの鉄道技術長エドモンド・モレル
日本は狭軌でいいだろう狭軌は安い
安いならそれでいい
大隈重信
広軌派／改主建従
広軌にして主要幹線の
強化改善を優先する考え方
憲政会（立憲民政党）
後藤新平
大量の物流スピードを優先させるべきだ
島安次郎
十河信二
仙石貢
中村是公《ぜこう》
狭軌派／建主改従
狭軌のまま全国に路線網を
張り巡らすことを優先する考え方
立憲政友会
原 敬
西園寺内閣の鉄道院総裁
広軌化計画中止
床次竹二郎《とこなみたけじろう》
山本権兵衛内閣の鉄道院総裁

5-2

島安次郎《しまやすじろう》が広軌鉄道に改造する実験

広軌改造は意外に簡単だった

◆広軌と狭軌は行ったり来たり

前項で述べたように、政権が変わるたびに、広軌派と狭軌派が入れ替わった。

・明治43年／第2次桂太郎《かつらたろう》内閣…鉄道院総裁・後藤新平が「広軌案」を出す。

・明治44年／第2次西園寺公望《さいおんじきんもち》内閣…鉄道院総裁・原敬《はらたかし》は「広軌案」をつぶす。

・大正2年／山本権兵衛《やまもとごんのひょうえ》内閣…鉄道院総裁・床次竹二郎《とこなみたけじろう》は、後藤が嫌いで、広軌鉄道を全面中止する。

・大正3年／大隈重信《おおくましげのぶ》内閣…鉄道院総裁・仙石貢《せんごくみつぐ》。仙石は広軌派で、「広軌鉄道改築取調委員会」を作る。大隈重信は「日本は狭軌でいい」と言っていたが、もともと「ゲージって何?」という人だ。政治的に広軌派になった。

その後、添田寿一《そえだじゅいち》が鉄道院総裁になった。添田は政治的な動きを見せず、仙石貢を踏襲した。

◆島安次郎の広軌実験

大正5年（1916）、寺内正毅《てらうちまさたけ》内閣のとき、後藤新平は3度目の鉄道院総裁になった。後藤はすぐさま床次竹二郎のやった「広軌工事廃止」を破棄する。

大正6年（1917）に十河がアメリカに行ったとき、島安次郎の手伝いをさせられたことは、前述した。帰国した島は広軌実験を行う。場所は横浜線の原町田《はらまちだ》〜橋本間だ。

4線式と3線式との2パターンを実験した。原町田〜淵《ふち》野辺《のべ》の間は、線路の両側に1本ずつレールを敷いて4線式にする。淵野辺〜橋本の間は、片側に1本レールを敷いて3線式とする。後藤は国会議員や各界名士を招待して、実験を見学させた。この実験で、今ある線路を広軌に改造するのは意外に簡単だということが明らかになった。

◆狭軌派の原敬になった

大正7年（1918）、「平民宰相」原敬は、地方経済のために鉄道建設をした。しかし、「欧米のように長距離輸送する必要なし」という考え方で、またもや、広軌案はつぶされた。以後、国鉄在来線は狭軌でいくことになった。

広軌狭軌論争の歴史

明治43年（1910）	第2次桂太郎内閣	広 ↓	鉄道院総裁・後藤新平が「広軌案」を出す
明治44年（1911）	第2次西園寺公望《さいおんじきんもち》内閣	狭 ↓	鉄道院総裁・原敬《たかし》は「広軌案」をつぶす
大正２年（1913）	山本権兵衛《ごんのひょうえ》内閣	狭 ↓	鉄道院総裁・床次竹二郎《とこなみたけじろう》は、後藤ぎらいで、広軌鉄道を全面中止する
大正３年（1914） 12月18日 東京駅落成	大隈重信《おおくましげのぶ》内閣	広 ↓	鉄道院総裁・仙石貢《せんごくみつぐ》 「広軌鉄道改築取調委員会」を作る 大隈重信は「ゲージって何？」という人だ。政治的に広軌派になった
大正３年（1914）	第2次大隈重信内閣	広 ↓	鉄道院総裁・添田寿一《そえだじゅいち》は政治的な動きを見せず、仙石貢を踏襲した
大正５年（1916）	寺内正毅《てらうちまさたけ》内閣	広	鉄道院総裁・後藤新平

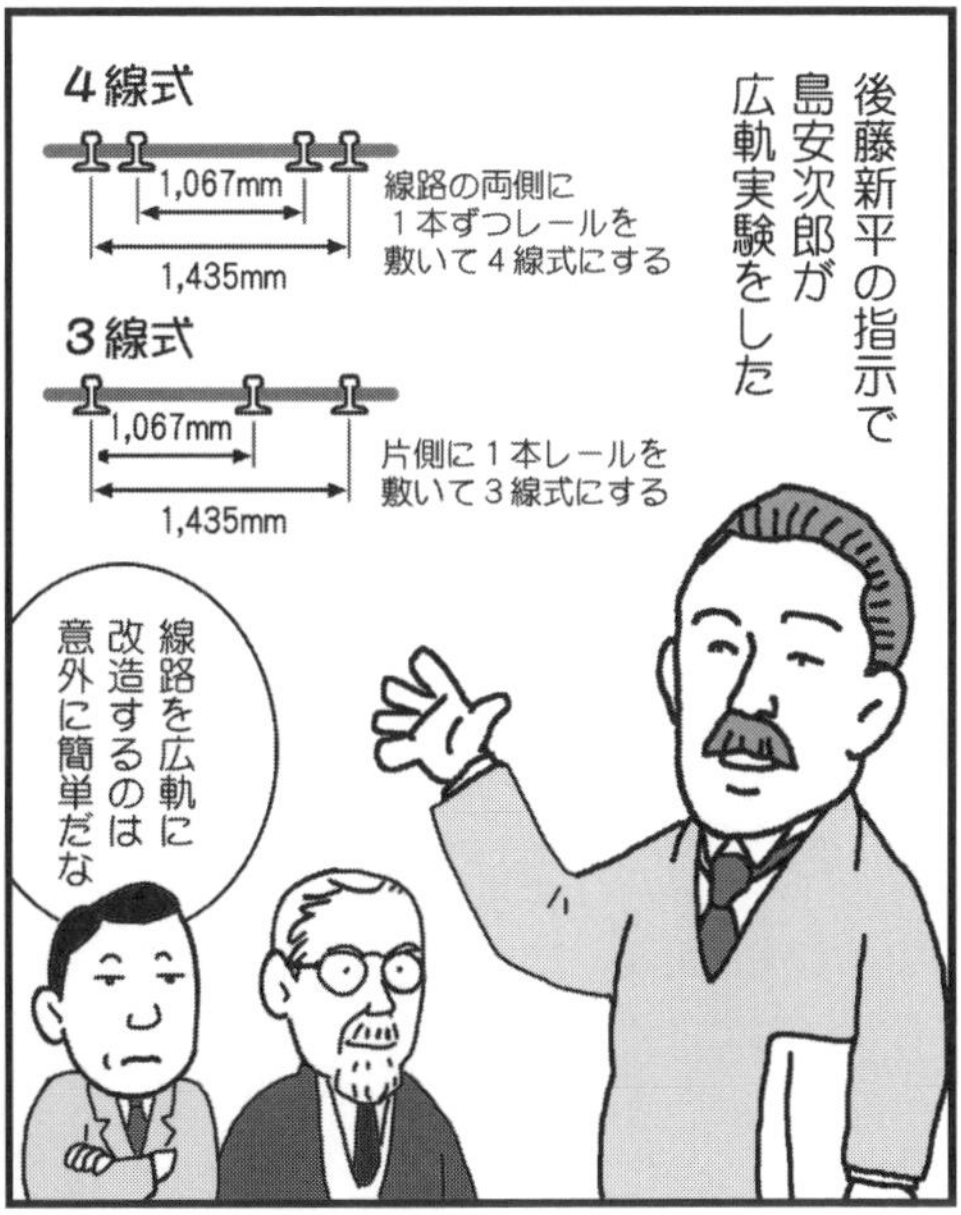
後藤新平の指示で
島安次郎が
広軌実験をした
4線式
1,067mm
1,435mm
線路の両側に
１本ずつレールを
敷いて４線式にする
3線式
1,067mm
1,435mm
片側に１本レールを
敷いて３線式にする
線路を広軌に
改造するのは
意外に簡単だな

原 敬
内閣総理大臣
任期大正7～10年
平民宰相と呼ばれる
東京駅で暗殺された
広軌反対
地方経済の
ために
鉄道建設を

5-3

十河の地元・西条線が開通する

四国の仙石貢《せんごくみつぐ》は「四国はあとでいい」と言った

◆西条線が開通する

大正9年（1920）、鉄道院は省になり、職員16万人、営業距離1万キロを超えた。

翌年、西条にも鉄道が開通。高松～伊予西条の運行が可能になった。今の予讃線だ。

政治家が地元に鉄道を敷くことを「我田引鉄」と呼んで非難されていたが、四国は幹線を敷くのが最も遅れた所だ。こんな、エピソードがある。

当時の鉄道大臣・仙石貢は、高知出身だった。白石直治《しらいしなおじ》という土木技師が高知にいて、「土讃《どさん》線」の敷設を仙石に頼みに行った。仙石は「鉄道は採算の合うところから敷けばいい。四国は後回しでいい」と言ったそうだ。

ずっと後になって十河も「西条は後回しでいい。そんな金があったら、他の幹線にまわせ」と言ったそうだ。十河の雷は、仙石ゆずりだ。

◆十河の子ども時代、鉄道建設が始まる

四国に幹線が敷かれるのは遅かったが、軽便鉄道は早くからできていた。明治26年（1893）、十河の地元・別子《べっし》鉱山《こうざん》鉄道が営業を始めている。「坊っちゃん列車」の伊予鉄道の次の開設だった。明治21年（1888）には、伊予鉄道が開通し、翌年に、讃岐《さぬき》鉄道が開通した。

別子鉱山鉄道は、別子銅山《べっしどうざん》と新居浜《にいはま》港を結んだ、鉱石の運搬を目的に敷設された軽便規格の専用鉄道であった。

十河はまだ、尋常小学校の3年生だった。陸蒸気《おかじょうき》が来ると、弁当を持って、見物に行った時代だ。十河家の近くにあった空き地が、土橋駅になった。子ども時代、鉄道建設を目の当たりに見たことだろう。

◆父・鍋作《なべさく》が死んでしまった

大正9年（1920）9月、父親の鍋作が脳溢血で亡くなった。生前、父は「農家の子どもは農業をやればいい」と言っていた。我が子が鉄道マンになるとは思わなかっただろう。

だが、新居浜市中萩は鉄道マン・十河によって有名になった。

仙石 貢
大正3年（1914）
鉄道院総裁になる
高知県出身
高知に鉄道を敷いてください
高知の土木技師
白石直治
鉄道は採算のあうところから敷けばいい
四国は後回しだ
我田引鉄
政治家が自分の選挙区に鉄道を誘致すること
仙石も十河も我田引鉄が嫌いだった
十河が国鉄総裁になったとき
西条は後回しでいい
そんな金があるなら他の幹線にまわせ

5-4

関東大震災で中国行きが中止になる

西条学舎のテニスコートに被災者を収容する

◆中国行きの前日、震災が起きる

十河は中国への興味が日増しに強くなっていた。中国出張の願いが聞き入れられて、ついに、大正12年（１９２３）９月２日に出発することになった。出発前日の９月１日、十河のいる会計課長室に三井銀行から「旅行信用状」なるものが届けられた。その直後だった。

11時58分、関東大震災が起きた。震源は相模湾で、マグニチュード７・９だった。

前述したように、東京駅は無事だった。耐震性のある松の木の杭が１万本以上打ちこまれている。軟弱な地盤への対策が幸いした。

◆西条学舎は被災者を多数受け入れる

被災した人は１９０万人、死者10万５０００人、家屋の全壊10万９０００棟、全焼21万２０００棟と伝えられる。東京の３分の１が壊滅した。横浜の被害も大きかった。

東京がまだ燃えている最中、山本権兵衛《やまもとごんのひょうえ》内閣が誕生する。戒厳令が東京と神奈川に出された。

政府は予備金９５０万円を用意、皇室から１０００万円が下賜《かし》された。

西条学舎は無事だった。新築だったため、ヒビが入った程度だった。テニスコートにテントを張り、被災した人を収容した。もちろん、寄宿舎もかなりの人数を受け入れた。

津波もあった。島安次郎《しまやすじろう》は高輪で津波に遭う。一家は高台に逃げ、無事だった。しかし、使用人が財布を忘れ、取りに帰ったとき、津波に巻き込まれてしまった。

◆後藤新平が復興院総裁になる

９月27日、帝都復興院ができる。復興院総裁は後藤新平だった。大風呂敷の後藤は壮大な規模の計画をたてた。総予算41億円！　当時の国家予算の倍にあたる。

しかしこれは閣議で15億円に削られ、国会で５億７０００万にまで削られた。継続する公共事業を足すと、７億２０００万だ。国が７割、３割は東京と神奈川の予算だった。

大正12年（1923）
9月1日11時58分
関東大震災が起きた
東京の1／3が壊滅した
被災者190万人
死者10万5000人
家屋の全壊10万9000棟
全焼21万2000棟

同年9月27日
帝都復興院ができる
総裁は後藤新平だ
復興予算
41億円
また後藤の
大風呂敷だ
41億は国家予算の
倍以上だ

5-5

十河はフォードにトラックを1千台注文する

後藤新平にまたもや辞表を叩きつける

◆復興院に入ることを一旦、断る

復興院の副総裁・松木幹一郎が十河のところにやって来た。「ぜひ、物資供与局と経理局をやってほしい」と言う。十河は「今、鉄道は箱根から東側が完全にストップしている。大動脈の東海道線も早く再開したい」と復興院入りを断った。しかし、後藤新平から「入るように」と直接頼まれた。

十河は、物資の輸送を海上輸送と線路の迂回に振り替えていたが、これでは到底間に合わないと思った。十河は復旧作業にはトラック輸送がいいと考えついた。「ドアからドアに着くようにする」という計画だ。さっそく、アメリカのフォード社にトラック1千台を注文し、1カ月以内に横浜に着くように手配した。

◆後藤新平に辞表を叩きつける

十河は復興院に入ると、「ぜひとも太田《おおた》圓三《えんぞう》君を土木局長にしてほしい。復興事業はたいへん困難だ。仕事は人によるものだ」と主張した。

ところが後藤は、太田圓三がまだ若く今のポストも低いので、一技師扱いで辞令を出した。

それを知ると十河は後藤に、太田を土木局長にしてくれるよう懇願した。しかし、聞き入れてもらえない。そこで十河は「年齢でポストを決めるようでは、良い仕事はできません。私は総裁についていけません。後藤新平という人は、遠くで見ると『大人物』ですが、近くで見ると、たいしたことない！」と、まくしたてて部屋を出た。

後藤は、内務次官の塚本清治らに「今、十河がわしの悪口をさんざん言って帰ったよ」と言って笑った。

◆十河が逃亡する

十河の怒鳴り声はあまりに凄かった。たまたま隣の部屋に居合わせた後藤の息子、一蔵は「おやじが十河さんに罵倒された。いい薬になったよ」と言った。

後藤を怒鳴りつけて、十河はそのまま逃亡。伊香保《いかほ》温泉に向かった。

復興院副総裁 松木幹一郎《かんいちろう》
十河 復興院に 来てくれ 物資供与局と 経理局を やってほしい
太田圓三君を 土木局長に してください 彼を起用して くれるなら 引き受けましょう
太田圓三 鉄道院技師 天才的土木技術者と いわれた
太田への辞令は 一技師だった
一技師では いい仕事が できない
バン
太田は まだ若い
復興院は 年齢で人を 決めるのか
それなら わしも辞める
十河がさんざん わしの悪口を 言って帰ったよ
太田は 土木局長になった

5-6

地主の強い抵抗に合い、復興できず

理想的東京作りをする計画はほとんど無理

◆隅田川六大橋を手がける

関東大震災の震源は駿河湾だ。そのため、東側の復旧は早かった。東北線と常磐線は9月中に開通した。十河は伊《い》香《か》保《ほ》温泉に向かった。

すると、「オーイ。オーイ」と誰かが追ってきた。見ると、太《おお》田《た》圓三《えんぞう》だ。後藤が警察に指令して探させると、十河が伊香保にいることがすぐにわかったのだ。太田は十河の希望通り、土木局長になったことを伝えた。十河は大いに喜び、復興院に留まった。

復興院で、太田圓三は隅田川六大橋の建設を手がけた。下流から相生《あいおい》橋、永代《えいたい》橋、清洲《きよす》橋、蔵前《くらまえ》橋、駒形《こまがた》橋、言問《こととい》橋をかけた。6つの橋はみなデザインが違い、優れたセンスを感じさせた。

◆東京を理想的な町にする?

後藤の「輝かしい都市計画」の予算は41億だったのに、削減に次ぐ削減で、復興費は7億2000万円になった。政治家の私利私欲に負けて、各省に金を配ったからだ。

後藤の復興計画は「東京の被災地を全部、国が買い上げる。そこで理想的な都市を作る。いらないところは払い下げる。そうすれば、被災者の生活救済になる」というものだった。こんな少ない金では何もできない。

十河は「オレが政治家になって、断行しようか」とも思った。しかし、父鍋作《なべさく》が「政治家だけはなるなよ」と言っていたのを思い出し、断念した。

◆地主の強い抵抗に合う

後藤の計画のように、「被災地を国が買い上げる」のは困難だった。地主は「水道と下水道をなんとかしてくれ」と主張する。元の土地で、バラックを建て、商売をする者もいて、「所有権は手放さない」と言っている。復興より復旧が先だった。

後藤新平が主張している「大きな道路を作って、震災に強い町作りをする」のは、遠い夢だった。

後藤の復興計画
イチから都市を作るんだ
東京の被災地を全部国が買い上げる
理想的な都市を作る
いらないところは払い下げる
しかし予算は7億2000万円に削られた
被災地を国が買い上げるのは無理です
住民の反対も激しい
土地は手放さないぞ
早く水道と下水道を引いてくれ
区画整理で決着した
住民の協力で土地の1割を道路のために供出してもらったのだ
区画整理前
区画整理後

5-7

覚えもない嫌疑により、逮捕された

すぐ、解放される、とタカをくくっていたが…

◆十河は鉄道省の経理局長だ

大正13年（1924）、加藤高明内閣ができて、仙石貢《せんごくみつぐ》が鉄道大臣として入閣した。十河は復興局から鉄道省に戻されて、経理局長になった。親友の種田《おいた》が、運輸局長だ。十河と種田の時代が来た。ところが、事件が起きる。

◆でっち上げの嫌疑ばかりだ

大正15年（1926）、突然、十河は東京地方検事局に召喚された。最初、十河の取り調べは、それほど重大なものとは思われなかった。

公判になって、大変な疑獄事件にされているとわかったのだ。つまり、ほとんど「でっち上げ」のえん罪事件だ。

検事によれば、

1．東京の区画買収の収賄《しゅうわい》

2．アメリカ、カナダ、南洋の材木の売買の収賄

3．静岡の伊東市の鉄道療養所の土地売買の収賄

4．鉄道発電所機械ロータリーコンバーターの購入の収賄

いろいろあげれば、どこかに引っかかるだろうというものだ。「下手な鉄砲」だ。

◆知人の収賄事件がもとだった

ことの次第はわかった。十河は「復興局疑惑事件」で逮捕されたのだ。大正13年（1924）8月、整地部長の稲葉健之助が逮捕された。稲葉は十河の仲間だ。稲葉はブローカーから土地の売買をもちかけられ購入。これが収賄事件として、検事局から追求された。稲葉は言い逃れのため、「十河の指示だ」と言ってしまった。

検事局は調べても十河から証拠が出ないので、捜査の内容を広げて、アメリカからの材木購入などいろいろな件をあたった。しかし、十河と土地購入問題の関係が出てこない。

そこで、芝浦の回転変流機の購買を加えた。これは鉄道省の問題で、復興局とは関係なかった。

最初の捜査の「土地購入の復興局の疑惑」はどこかに行ってしまった。

大正13年（1924）
加藤高明内閣になり
帝都復興事業は
内務省の外局として
設置された復興局に
引き継がれた
十河は鉄道省に戻された
鉄道大臣
仙石貢
大正15年（1926）
十河は
東京地方検事局に
召喚される
復興局疑惑事件
1.東京の区画買収の収賄
2.アメリカ、カナダ、南洋の材木の売買の収賄
3.静岡の伊東市の鉄道療養所の土地売買の収賄
4.鉄道発電所機械ロータリーコンバーターの購入の収賄
検
冤罪《えんざい》だ
十河前局長
遂に起訴さる
土地買收にからむ
二萬圓の收賄判明
鐵道省の物品購入に
復興局の大疑獄
調度係長と購買係員が共謀し
御用商人から收賄して
廿萬圓不當利得
モーニングの裏が擦り切れている
十河は無罪だな
毎日新聞記者・
青木槐三《かいぞう》

5-8

西条学舎への寄付も収賄になった

太田圓三《おおたえんぞう》が自殺。検事局は「何かある」とにらむ

◆太田圓三が自殺して、検事局の目が光る

十河がまだ市ヶ谷の未決監にいるころだ。太田圓三がいきなり自殺した。原因は疑惑事件のストレスからか、首都復興の土木デザインについて悩みがあったのか…。太田は天才的芸術肌の人間だ。ペンナイフで胸を刺して死んでいった。

しかし検事局は、「十河、親友の種田虎雄《おいたとらお》、太田圓三らが伊東で忘年会をやった」ことを追及。そのとき、伊東町長も挨拶に来ていることから、「太田の自殺や忘年会、何かある」とにらんだ。伊東市の保養所購入の収賄《しゅうわい》事件疑惑がかけられた。

震災前、鉄道省は保養所の土地を熱海で物色していた。熱海は地価が高い。ところが伊東は空き地がたくさんある。そこで、伊東に変更した。べつに賄賂《わいろ》をもらわなくてもいい。ところが鉄道局の用意した金と土地購入の額が合わない。検事局は収賄疑惑ありと考えた。

◆西条学舎への寄付も収賄になった

西条学舎で寄付を受けたことも収賄だと言われた。これは、松橋良平という男が寄付をしたのだ。松橋は十河が鉄道院でブラブラしていたころの先輩だ。十河に仕事を教えてくれた。

十河が大出世して局長になり、松橋は部下になった。このころから松橋はぐれ始め、まわりからうとまれるようになる。

十河は松橋を何度も説得する。松橋は十河の熱意に動かされ、また仕事に精をだすようになった。十河も松橋を優遇した。

◆大金があるので西条学舎に寄付したい

松橋は砂糖相場に手を出し、大当たりして、大金が転がり込んだ。松橋は十河に恩返しがしたかった。それで、「西条学舎のために使ってくれ」と言って大金を出した。

松橋は「この金は決して賄賂ではない」と言い、十河も「浄財ならもらいましょう」と言った。十河のフトコロには入っていないが、検事局は「賄賂」と判断したのだ。

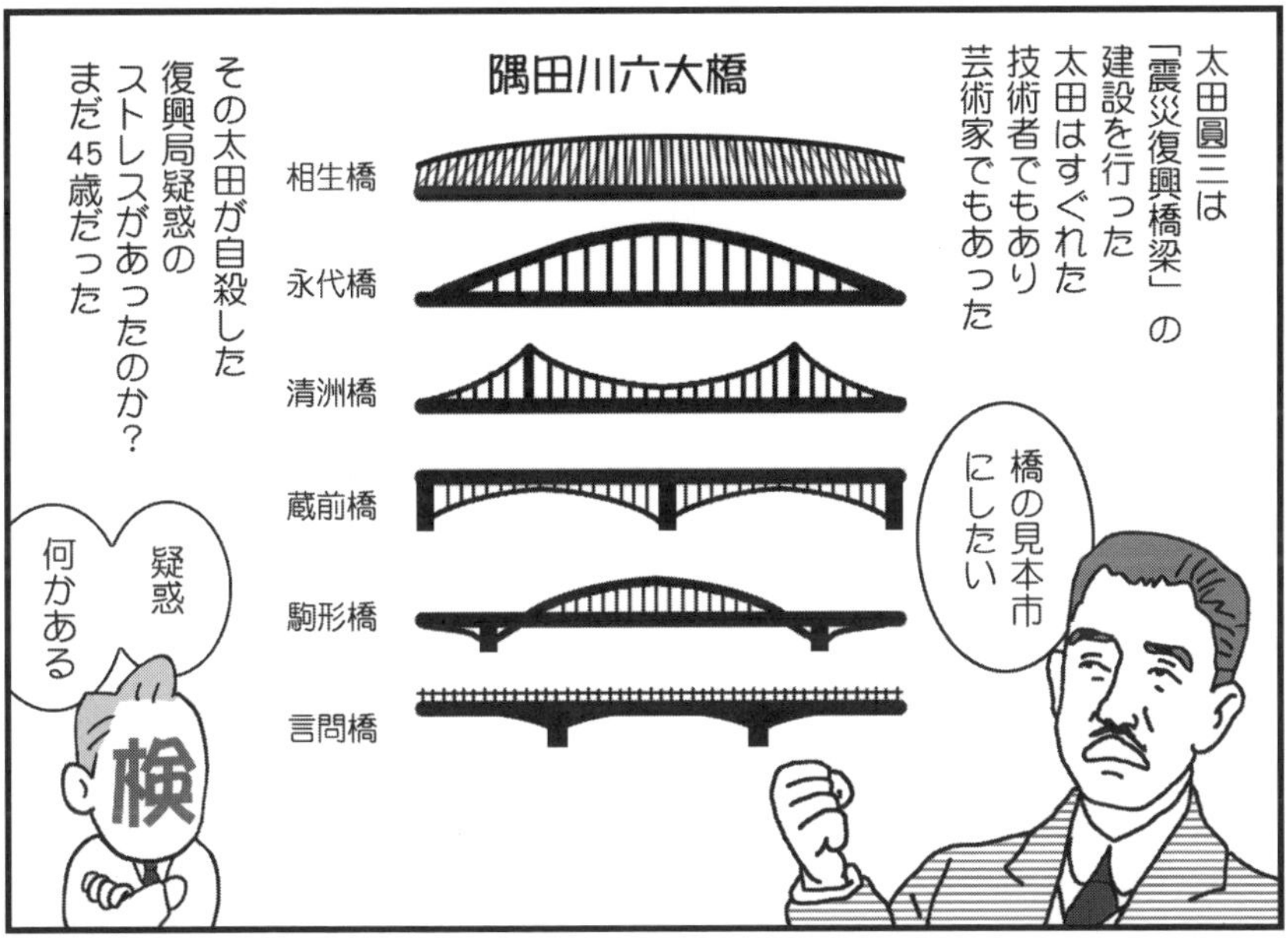
太田圓三は「震災復興橋梁」の建設を行った
太田はすぐれた技術者でもあり芸術家でもあった
橋の見本市にしたい
隅田川六大橋
相生橋
永代橋
清洲橋
蔵前橋
駒形橋
言問橋
その太田が自殺した
復興局疑惑のストレスがあったのか？
まだ45歳だった
疑惑
何かある
検

鉄道省は保養所のために伊東の土地を購入した
金額が合わない賄賂だ
検

西条学舎への寄付
松橋良平
砂糖相場でもうける
鉄道院のとき世話になった恩返しがしたい
浄財ならもらいましょう
賄賂だ
検

5-9

愛媛の兄・虎之助が次々に事業に手をだして失敗

砂糖相場で儲けた松橋を紹介したが…

◆芝浦製作所の案件が収賄《しゅうわい》だったという疑惑

芝浦電機のロータリーコンバーターの購入に関して、検事局は十河と芝浦製作所の幹部との接触に焦点を絞り、都内の料亭で、両者が会っていないか、料亭をしらみつぶしにあたった。じつのところ十河はカニ、エビ、ほうれん草のアレルギーで、料亭には全く行けない体質だった。しかし、戦前の検事局は逮捕、立件、裁判、有罪と、流れが決まっていて、逮捕したら、とにかく有罪にされることが多かった。

昭和2年（1927）、東京地裁の判決が下りる。芝浦製作所の機械購入と松橋との関係が有罪とされた。懲役6カ月、執行猶予3年、追徴金1万2200円が課せられた。

◆愛媛の兄・虎之助が金に困って…

十河は、兄・虎之助が、学業を諦めてまで自分を東京に出してくれたことに感謝していて、兄思いだった。

虎之助は、果樹園や製陶工場などの経営に次々に手を出して失敗して、金に困り、十河に金の無心に来る。とはいえ、十河にも金はない。そこで、砂糖相場で儲けた松橋を紹介した。

松橋は十河のためなら命もいらぬというほどの思いを持っていたので、虎之助に会って金を渡したようだ。これを検事に突かれて、あっせん収賄だと言われた。十河は「兄が金をもらう前なら、なんとかしてあげれたのに…」と悔やんだ。

◆西条中学の後輩、野間も法廷に立つ

十河はただちに控訴した。政界、財界、学界から、抗議や嘆願書が山のように送られてきた。

もちろん、真鍋嘉一郎《まなべかいちろう》や仙石貢《せんごくみつぐ》も嘆願書にサインをした。政治家は、政友会からも民政党からも与野党ともに嘆願書に署名している。十河にかぎって、収賄などしないと皆が信じていた。

野間恭一郎《のまきょういちろう》が法廷に立った。野間は東大を経て三菱商事に入り、ベルリン支店長になっていた。野間はベルリンから急遽帰国して弁護に立ち、十河の清潔さを証言した。

昭和2年（1927）東京地裁で有罪判決がでる
懲役6カ月 執行猶予3年 追徴金 1万2200円
十河はただちに控訴する
政界、財界、学界から抗議や嘆願書がきた
嘆願書
抗議
真鍋嘉一郎
仙石貢
十河にかぎって収賄などない
三菱商事のベルリン支店長をしていた野間恭一郎はベルリンからかけつけ十河の弁護をした
親友種田虎雄《おいたとらお》も弁護をした
検察は呑舟*の魚を逃さぬという世間的名利から十河君を陥れたのだ
*舟をのみこむほどの大きな魚、大人物のこと

第6章

満鉄理事

広軌弾丸列車に出会う

満鉄理事のころの十河信二（46歳ごろ）

経済調査会の面々（1932年）

仙石貢から満鉄の理事にならないか、という話をもらった。十河は二度辞退したのち種田の説得にあい引き受けた。満州では「弾丸列車」が走っていた。それが新幹線構想のベースになった。

関東軍司令部

満州・奉天の風景

6-1 鉄道省をクビになり、浪人生活をする

種田虎雄《おいたとらお》が給料の半分をくれた

◆種田は給料の半分を十河にあげた

十河は西条学舎から小石川の表町に引っ越した。鉄道省をクビになって、収入はゼロになったが、もともと、食事は質素なので変わらない。

係争中、阪神電車の顧問をやったり、映画製作をやった。いろいろやると結構、金になった。

十河が逮捕され97日間勾留されているとき、親友・種田虎雄は月給の半分をキクに置いていった。釈放されてから収入のないときも、種田は給料の半分を差し出す。十河もありがたく受けとった。

種田は昭和2年（1927）、請われて近鉄の前身の私鉄会社に移ってのちに社長になり、昭和22年（1947）まで近鉄の社長だった。のちに、十河は満鉄の退職金をポンと種田に渡す。無給時代の恩に報いたのだ。じつはその金で、種田は家を建て、十河一家を住まわせている。

◆やっと無罪を勝ちとる

昭和4年（1929）、東京控訴院は十河に一転、無罪を言い渡した。松橋良平も無罪だ。整地部長・稲葉建之助は懲役1年2カ月の実刑だった。翌月、東京と大阪で十河の雪冤会《せつえんかい》が開かれた。東京では、仙石貢《せんごくみつぐ》が出席。大阪中之島公会堂では、種田虎雄の大演説に招待者が涙したという。

無罪の裏には、一審の公判で特別弁護人を志願し、控訴公判でも弁論した種田の尽力があった。

◆満鉄の理事となる

昭和5年（1930）、十河は満鉄の理事になった。満鉄とは、南満州鉄道株式会社だ。満州（中国東北部）の南部分の鉄道の経営にあたった。日露戦争のあと、日本はポーツマス条約によって、ロシアが敷いた鉄道の大連～長春、鉄道の両側の土地といくつかの炭鉱を、ロシアから獲得した。

満鉄では、昭和9年（1934）に、特急あじあ号を最高時速130キロで走らせている。これに「パシナ」を走らせたら、150キロは出せる。「パシナ」とはパシフィック型という流線型の蒸気機関車だ。それが、十河の脳裏に刻まれた。後の「弾丸列車」構想につながる。

十河は鉄道省を辞めた
収入はゼロだ
使えよ
オレの給料の
半分だ
ぽん
種田
*種田虎雄は昭和2年（1927）近鉄の前身・
大軌に移る。後に社長に就任
昭和22年（1947）まで近鉄の社長を務めた

昭和4年（1929）
やっと無罪を
勝ち取った
証拠
不十分
後藤新平は
無罪判決の
10日前に
病死している
ヨカッタ
ヨカッタ

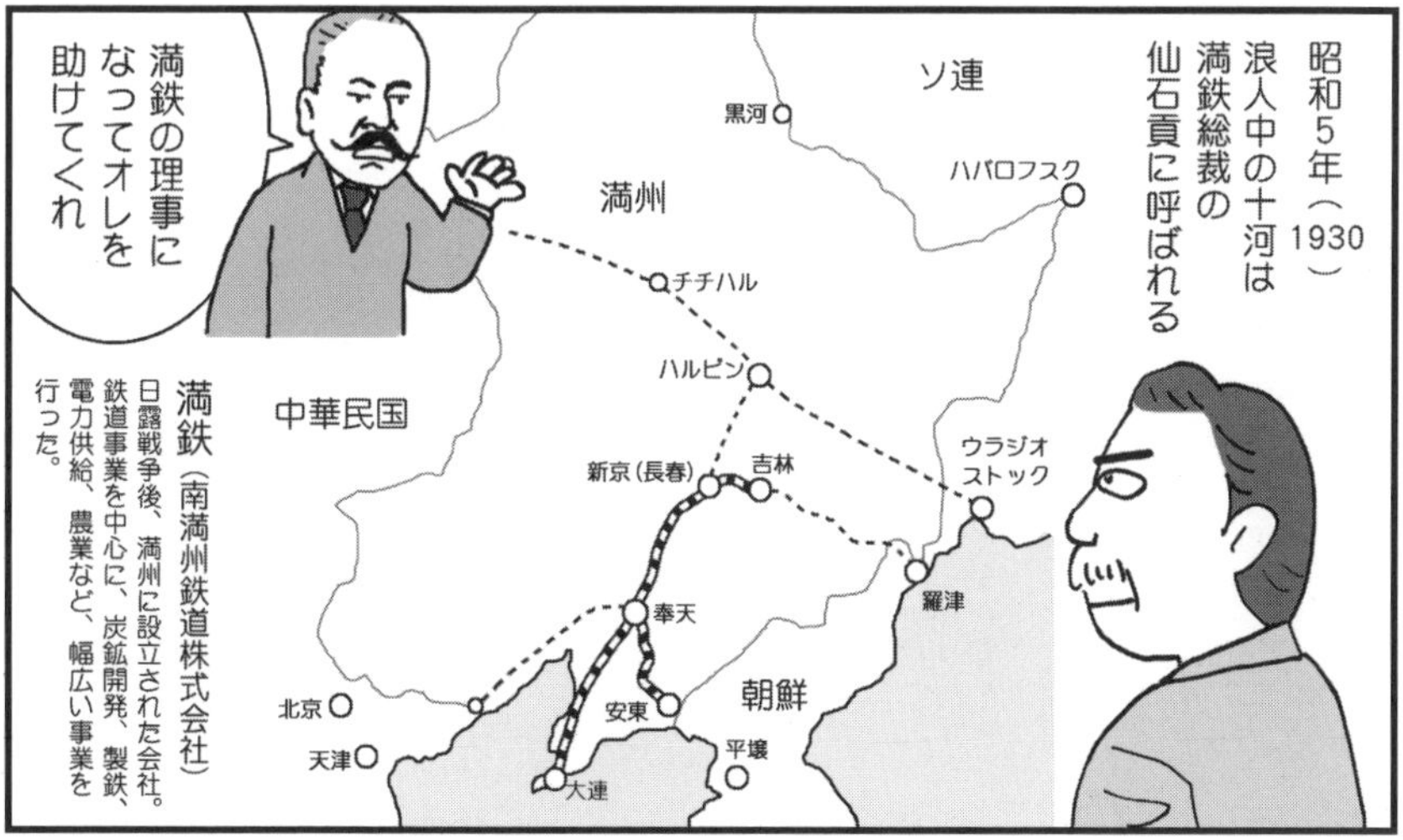
昭和5年（1930）
浪人中の十河は
満鉄総裁の
仙石貢に呼ばれる
満鉄の理事に
なってオレを
助けてくれ
ソ連
黒河
ハバロフスク
満州
チチハル
ハルビン
中華民国
新京（長春）
吉林
ウラジオストック
羅津
奉天
朝鮮
北京
安東
天津
平壌
大連
満鉄（南満州鉄道株式会社）
日露戦争後、満州に設立された会社。
鉄道事業を中心に、炭鉱開発、製鉄、
電力供給、農業など、幅広い事業を
行った。

6-2 満州事変が起きる。初めから決意の報告

あくまで、中国や満州の独立を

◆風雲急を告げる満州に乗り込んだ

昭和5年（1930）、十河は満鉄理事になった。そのころ、満州（中国東北部）では、風雲急を告げていた。昭和3年（1928）に日本側は「張作霖《ちょうさくりん》爆殺事件」を起こした。満州軍閥の張作霖は北伐軍の蒋介石《しょうかいせき》の圧迫に合い、北京から汽車で引き上げる途中で、満鉄線で爆殺された。関東軍の河本大作《こうもとだいさく》大佐が計画したのだ。

昭和6年（1931）、6月には、満鉄総裁は内田康哉《うちだこうさい》になった。少し前、仙石貢《せんごくみつぐ》は病気を理由に辞任、10月に急死している。

このころ、満州ではいくつも事件が起きていた。その代表は「万宝山《まんぼうざん》事件」で、朝鮮系農民が蜂起したものだ。

◆満州事変が起きる

昭和6年（1931）、十河は星ケ浦《ほしがうら》（大連）のヤマトホテルに泊まっていた。真夜中に満鉄本社から十河のところに電話が掛ってきた。

「奉天付近で、関東軍と張学良《ちょうがくりょう》軍が激突した。戦争になったらしい」というものだった。

満州事変の計画は、参謀の板垣征四郎《いたがきせいしろう》や石原莞爾《いしはらかんじ》がたてていた。その計画が実行されたのだ。

満州事変のあと、関東軍は満州の人心を安定させなければならなかった。十河は関東軍に協力するように、満鉄上層部に進言した。

◆満州の鉄道網も整備しなければ

関東軍は「自治指導部」を設立する。十河は「自治指導部」のやり方には反対だった。十河は「中国でも、満州でも、完全な独立国でなければならぬ」と考えていた。

事変前に、張学良が「満鉄包囲網」となる鉄道を敷こうとした。その鉄道を使って、関東軍が「東北交通委員会」を作るという。

その委員会の仕事をやろうとした矢先、十河は腸チフスにかかってしまった。

昭和6年（1931）9月
柳条湖《りゅうじょうこ》で鉄道が爆破
日本は中国と衝突
戦闘になった
満州事変
関東軍司令部
参謀・石原莞爾《いしはらかんじ》
中国軍が爆破した
ただちに戦闘にはいれ
本当は関東軍が仕組んだ工作

満鉄総裁・内田康哉《こうさい》
軍が勝手にやった謀略だ
満州の権益を守るためにやったことだ
関東軍
参謀・石原莞爾《いしはらかんじ》
参謀・板垣征四郎
総理大臣・若槻礼次郎《わかつきれいじろう》
事変の拡大には反対だ
関東軍司令部

6-3

満州経済調査会の設立。中国人のために会社を作ろう

関東軍から参謀・石原莞爾《いしはらかんじ》、板垣征四郎《いたがきせいしろう》らが去った

◆満州経済調査会の委員長になる

腸チフスで入院中、満州経済調査会（略して経調）の話が持ちあがる。

昭和7年（1932）1月、十河は経調の初代委員長になった。経調は形式的には満鉄の社内機関だが、実質的には国家機関として満州経済全般の計画作成にあたった。この点については満鉄総裁より権限があったといってもよい。十河は宮崎正義をブレーンにし、満州経済建設第一期計画を立案した。

◆陸軍が満州を我が物にしようとした

ところが、同年8月、陸軍は大人事異動をする。満州事変を起こした石原、板垣、片倉衷《かたくらただし》などは満州から追い出された。陸軍中央は満州国の支配方式を変えようとしていたのだ。

軍司令官は武藤信義、参謀は小磯国昭《こいそくにあき》だ。満州は「完全な傀儡《かいらい》政権」となっていく。

十河と関東軍の蜜月は終わってしまった。軍も十河の存在が煙たい。なんとか牙を抜きたい。そこで、満鉄を「鉄道」のみの会社とし、その他の事業を解体しようとした。

満鉄側は「満鉄は日露戦争の10万人の兵士の血で得たものだ」と言って、動かない。

◆中国人のための会社を作ろう

十河は「これからは中国の友人を作らねばいけない」と思った。

十河は中国のために銀行を作り、会社を興そうとした。塩の生産、綿花、鉄鋼、発電、港湾事業などを起こすために、興中公司《こうちゅうこんす》という会社の設立を計画した。

中国では、日本人というだけで、石を投げられた時代だ。排斥運動がすごい。なかなか資金繰りがうまくいかない。そのとき、上海財閥の巨頭・周作民が「あなたは、中国のために働いているんじゃありませんか。お金はなんとかしましょう」と、助けてくれた。

十河が説得工作をする
満鉄は関東軍に協力するように
一体化
満鉄
関東軍
満鉄総裁・内田康哉《こうさい》
関東軍 石原莞爾
満州を五族協和の王道楽土の理想郷にするのだ
昭和7年（1932）1月 満鉄経済調査会を設立 満州全般の経済計画にあたる 十河は初代委員長になった
経済計画をたてました
ブレーン 宮崎正義
ところが同年8月関東軍の大人事異動がある
関東軍司令官・本庄繁司令官 参謀・板垣征四郎 参謀・石原莞爾
満州から追い出される
新しい関東軍司令官・武藤信義
参謀長・小磯国昭
遺憾だ

6-4

興中公司《こうちゅうこんす》の社長に就任する

中国経済と日本経済を結びつけようとした

◆日支の合弁銀行はダメが出される

昭和7年（１９３２）1月に上海で日本軍と中国軍との衝突があった。そのため、中国では激しい「排日運動」が起きる。同年3月、日本は「満州国」の独立を宣言する。しかし、前述したように、陸軍の改組があり、8月には関東軍の幹部たちは更迭されている。

十河は「なんとか日中の対立を和らげたい」と思っていた。そこで十河は「日中両国が協力して、南方開発をしてはどうか」と中国の要人に話を持ちかけた。

十河の考えでは「日中の大合弁銀行を作る。南方華僑の資金を集めて東南アジアの開発をする。そうすれば、日中両国とも儲かる」というものだった。高橋是清《これきよ》蔵相は強く反対し、この「日支銀行」のプランは流れてしまった。

◆十河は政府や満鉄とわたりあう

高橋蔵相に反対され、いろいろと経緯があったが、なんとか「株式会社興中公司」の設立が決まった。

十河は会社の経営を頼まれた。十河は３つの条件をだした。「満鉄が資金や資材・人材の調達に協力すること」「米英に協力すること」「会社経営に口出ししないこと」だ。

十河は満鉄経済調査会委員長として膨大な「満州第一期経済建設案」の立案調査書を作りあげた。

昭和9年（１９３４）、十河は任期満了で満鉄をやめ、翌年、興中公司の社長に就任する。満鉄総裁・松岡洋右《ようすけ》は、しぶしぶ資金10億円を出した。

◆日中戦争が起きる

昭和12年（１９３７）7月、盧溝橋で日中双方が激突した。それは日中戦争に発展してしまった。

興中公司は軍と同行して、接収した中国側の鉱山や工場の委託経営に当たることになってしまった。本来の十河の構想とは違ったものになっていく。

昭和13年（１９３８）、日本の財閥が金を出して、国策会社、北支那開発（株）と支那振興（株）が作られた。興中公司の事業は北支那開発に引継がれ、興中公司は解散になった。十河は志半ばで中国を去ることになったのだ。

中国人のための会社を作りたい
十河は昭和10年8月満鉄を任期満了で退社興中公司の社長に就任した
(株)興中公司《こうちゅうこんす》
昭和10年（1935）12月設立
日中両国の親善のために中国における経済活動をすることが目的
発電所建設
塩の増産
綿花
石炭
鉄鉱
満鉄総裁・松岡洋右はしぶしぶ資金10億を出す
中国に親しい友人を作りなさい
友人ができない人は退職してもらう
ところが…
昭和12年（1937）7月盧溝橋《ろこうきょう》で日中が激突
支那事変
日中戦争へ
興中公司は解散
戦争をしながら開発するのは無理だ
盧溝橋
十河は志半ばで中国から去ることになった

6-5

林銑十郎《せんじゅうろう》内閣の組閣参謀長になる

幻に終わった十河の内閣書記官長

◆面食らった新聞記者たち

話は興中公司解散の前年にさかのぼる。

昭和12年（1937）1月30日。「十河信二が林銑十郎内閣の組閣参謀長に」と発表される。マスコミは面食らった。「十河と林はどういう関係なのか？」情報がほとんどなかったのだ。

◆石原莞爾《かんじ》のロボット内閣のはずが…

陸軍大将・林銑十郎を推したのは石原莞爾（当時、参謀本部指導課長）だ。石原は板垣征四郎中将を陸軍大臣にし、軍の暴走を止めようとした。「林なら虎にもなるし猫にもなる」ということだった。石原、板垣、十河らは満州組と呼ばれ、陸軍の新統制派グループと対立していた。1月29日十河は林に呼び出される。「満州事変以来、日中両国の関係は悪化している。日中親善のためには、大陸において、満鉄、興中公司の経営に携わっている君に、組閣参謀長になって欲しい」と、林は十河に依頼した。

◆林は十河を裏切り「浮き草内閣」に

四谷に組閣本部をおき、林、十河、片倉衷《ただし》、宮崎正義らが組閣協議を行った。浅原健三が石原との連絡をとる。十河は内閣書記官長（現在の官房長官にあたる）候補だ。

ところが、アンチ石原の梅津美治郎《うめづよしじろう》陸軍次官らが計画阻止に動く。板垣陸相を断固認めない。

林は寺内寿一《てらうちひさいち》前陸相らに、あっさり説得されてしまう。十河は「板垣でなければ、軍内部の強硬論を抑えて、日中親善を実現することはできない」と強く林に迫ったが、林は一転して十河排除に動いた。

十河は「組閣に対する根本精神が全く違ってきた。新内閣に対する一切の希望は捨てざるをえない」と参謀本部を去るのだ。十河の内閣書記官長は幻に終わった。

陸軍とも政党とも関係をたった林内閣は「浮き草内閣」と呼ばれ、わずか4カ月で退陣した。その後、日本は日中戦争へと突き進むことになる。

（参考「浅原健三日記」『軍ファシズム運動史』付録・秦郁彦《はたいくひこ》）

昭和12年（1937）1月23日
広田弘毅《こうき》内閣が総辞職
軍部と政党の対立が原因
宇垣一成《うがきかずしげ》に組閣の大命が降る
満州組が反対
宇垣内閣は流れる
かわって
林銑十郎《せんじゅうろう》陸軍大将が組閣
林を推したのは参謀・石原莞爾《かんじ》だ
林なら虎にも猫にもなる
十河が組閣参謀長になる
日中親善のために満鉄、興中公司の経営に携わっている君に組閣参謀長になって欲しい
石原は板垣征四郎を陸軍大臣にして軍の暴走を止めようとした
板垣中将
陸相…板垣征四郎
海相…末次信正
蔵相…池田成彬
商相…津田信吾
書記官長…十河信二
書記官長は現在の官房長官にあたる
ところがアンチ石原の梅津次官らが阻止
板垣はダメ
陸相は中村 海相は米内 軍部の決定だ
寺内前陸相
梅津次官
林はあっさり説得されてしまう
ニャ〜
十河は参謀本部を去った
板垣でなければ日中親善の道はない
その後日本は日中戦争へ突き進むことになるのだ

6-6

広軌新幹線の案が現実化して来た

島安次郎《しまやすじろう》の努力により、ルートも決まる

◆日本と大陸を結ぶ広軌新幹線が計画された

昭和14年（1939）、十河は日本に帰って来た。そして、7月に、帝国鉄道協会の理事となる。もう年齢も55歳になっていた。

昭和14年、「広軌新幹線」の案が現実化して来た。今までは、コスト面から狭軌新幹線の可能性が高かったが、今回はちがった。

軍の主導で計画が進められていた。大陸の鉄道と内地の鉄道を直結しようとするものだった。満鉄やシナ（中国のこと）鉄道は広軌だ。

客車を広軌にして、軍事物資や軍人の輸送のために、内地の鉄道も広軌にしようとした。どうせなら、東海道線と山陽本線を複々線にして、直通にしたい。朝鮮海峡にトンネルを作り、東京発、北京行きの「弾丸列車の広軌新幹線」を作るのだ。「弾丸列車」という言葉がふつうに使われた。

◆未来の時刻表を作る

弾丸列車、広軌新幹線の特別委員会は議長の島安次郎によってまとめられていた。このときの弾丸列車のルートは、20年後の「新幹線」のルートの下敷きとなった。

島らは未来の時刻表を作った。昼に東京を出発し、夜の11時半に下関着。連絡船に乗って早朝釜山《ぷさん》へ。釜山から京城《けいじょう》（現在のソウル）まで約5時間半。奉天（瀋陽）まで12時間。そこから北京へ。北京には3日後の昼に着く。それが直通列車の旅だ。

未来の時刻表は現在の新幹線・東京〜博多と瓜二つだ。時期は昭和39年（1964）を想定していた。東海道新幹線の創業が昭和39年だから、こわいくらいに符合している。

◆海底トンネルの調査も始めた

下関と釜山を結ぶ朝鮮海峡トンネルも、大まじめに検討していた。対馬を経由して、200キロメートル以上のトンネルを作ろうというものだ。実現すれば大陸までの時間が一気に短縮される。昭和16年（1941）に、数回、海底の地質調査を行っている。

（参考『新幹線を作った男――島秀雄物語』高橋団吉）

昭和14年（1939）
十河は帰国する
55歳

その頃日本国内では
軍の主導で
広軌新幹線計画が
すすめられていた
東京
下関
釜山
ソウル
奉天
北京
下関から
海底トンネルを作り
朝鮮半島
中国大陸を
結ぼうというものだ
弾丸列車だ

6-7

パシナが弾丸列車に使われることになる

十河の頭にも焼き付いていたことだろう

◆パシナを使おうと考える

昭和15年（1940）、工事の予算が国会で通った。200キロのスピードを出せる機関車の選定が始まった。それほどの機関車は国内にはない。しかし、満鉄では、広軌用の高速機関車が制作されていた。前述のパシナだ。

大連～新京（長春）の間700キロを8時間半で走る。あじあ号だ。平均時速82・5キロ、最高時速130キロを出すことができた。東洋一だ。満鉄沙河口《さかこう》で3両、神戸の川崎車両で9両作った。

このころ、島安次郎は満州に2度行っている。「パシナで130キロ出るなら、弾丸列車なら200キロ出せる」と思った。パシナはデカい。「これが時速200キロで走ったら…」と思うとワクワクしただろう。

◆名機デゴイチこそ新幹線の源流なのだ

このとき、電気機関車と蒸気機関車と2タイプが考えられていた。軍は蒸気機関車にこだわった。発電所を爆撃されたら、電気機関車が動かなくなるからだ。

当時、日本には名機関車「デゴイチ」が走っていた。D51だ。質素なボディーに、パワーも内燃機関も無理がなく、質素倹約、丈夫で長持ち。これは島安次郎の息子・秀雄が設計している。日本らしく背伸びしない。じつはこのデゴイチこそ「新幹線」の思想なのだ。

（参考『新幹線を作った男―島秀雄物語』高橋団吉）

◆十河は学生義勇軍の会長になる

昭和15年（1940）、十河は学生義勇軍の会長になる。学生義勇軍は3年前に茨城でスタート。創設者の加藤完治、次の石黒忠篤《いしぐろただあつ》、そして十河に会長を譲られた。

十河は「自由主義」とか、「すべて自分でやる」という精神を説いた。学生たちはビックリした。そのころの学生は「強制」されるのが当たり前と思っていたところに自主独立などと言われたからだ。

昭和15年（1940）
弾丸列車の選定が始まった
島安次郎は満州でパシナを見た
パシナ
最高速度 130km/hr
新京～大連を走る
あじあ号と呼ばれた
わくわく
これが弾丸列車になって200キロで走ったら…

軍は蒸気機関車にこだわった
電気機関車は発電所を襲撃されたら動かなくなるからだ
D51 デゴイチ
質素倹約 丈夫で長持ち
戦時中大量生産された
島秀雄（安次郎の息子）が設計した

昭和15年（1940）
十河は学生義勇軍の会長になる
十河が世話をした学生たちも戦争にかり出された
＊学生義勇軍
昭和12年発足。
学生が自己鍛錬のために奉仕活動（農場の耕作、森林原野の開墾作業など）を行った。

6-8

長男給作が死んでしまう

長女は国鉄マンと結婚する

◆長男は東シナ海に没す

昭和7年(1932)、長男給作が京都帝国大学を出て、三菱商事に入った。昭和17年(1942)、給作はインドネシアのジャワに派遣される。その途中、東シナ海で敵の潜水艦の攻撃に遭って、撃沈された。十河にも連絡があった。

給作は救命ボートに乗ったらしい。しかし、その一艘が行方不明になっていた。十河は陸軍に捜索機を依頼するが、なかなか応じてくれなかった。10日たって、済州島《チェジュト》に死体が打ち上げられた。それが給作の遺体だった。

給作は愛煙家だ。シガレットケースには、新しいタバコが残っていたという。タバコを吸うこともできないほど緊急な事態だったと推測された。

◆由子《みちこ》は加賀山之雄《かがやまゆきお》と結婚する

昭和7年(1932)、長女由子が結婚した。相手は、加賀山之雄だ。戦後、加賀山は第2代国鉄総裁になる。力道山の後援をして、日本プロレスの理事をした。また、プロ野球国鉄スワローズを作った。最初、「コンドルズ」にしようとしたが、「国鉄が混んでる」は良くない。「国鉄に座ろう(スワローズ)」にしようと言った。特急「つばめ」からとったという説もある。

◆東条英機暗殺計画が起きる

日中戦争はさらに激化し、欧米列強は日本の中国大陸からの撤退を要求した。陸軍大臣だった東条英機は、昭和16年(1941)10月東条内閣を組閣し、軍による独裁体制を敷いた。そして、日米開戦につきすすむ。

戦争は拡大長期化し、日本は追いつめられる。そんなとき、東条英機暗殺計画がたてられた。石原莞爾《いしはらかんじ》と十河の友人浅原健三が計画をたてたのではないかと、憲兵隊が疑っていた。

昭和20年(1945)7月、東条内閣はサイパン玉砕の責任をとって、総辞職する。暗殺計画はなくなったが、憲兵隊は、石原莞爾や十河など満州グループに目を光らせた。

昭和17年（1942）
十河の長男給作が
東シナ海で戦死する
給作は愛煙家だったが
シガレットケースには
タバコが残っていた
それだけ緊急な
状況だったのだろう

昭和7年（1932）
長女由子《みちこ》が
鉄道省の加賀山《かがやま》之雄《ゆきお》と
結婚する
加賀山は後に
第2代国鉄総裁になる

昭和19年（1944）
総理大臣・東条英機
暗殺計画があった
計画は未遂に終わるが
石原莞爾《いしはらかんじ》、浅原健三《あさはらけんぞう》が
関わったといわれた

石原や浅原と
仲間の十河にも
憲兵の目が光った

第7章

西条市長

教育改革と食料増産

西条市長のころ（後列左から４人目が十河61歳　1945年）

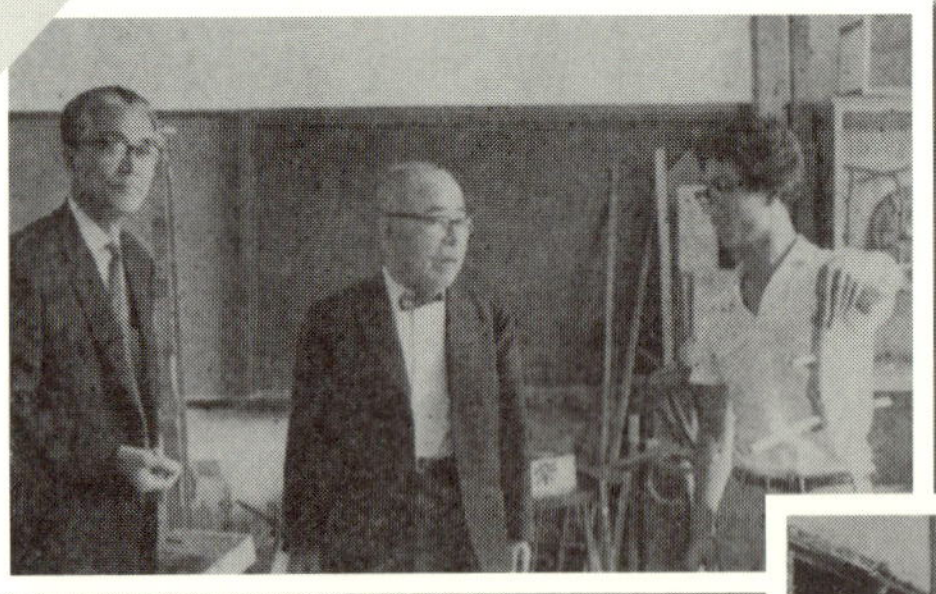

鉄道弘済会の会長時代

戦後の西条市　東町通り

戦後の西条駅（撮影：篠原文雄氏　越智登志正氏提供）

十河の指示で西条市の干拓工事が始まる

十河は終戦を西条で迎えた。予讃本線の開通式で四国に来ていた。いつもの宿で市長を頼まれ、無報酬を条件に引き受けた。氾濫する川を浚渫《しゅんせつ》し遠浅の海岸を干拓した。教育にも力を入れ郷里の復興に尽力した。

7-1

憲兵隊ににらまれて、四国に行く

予讃本戦の開通式に行くことになる

◆いよいよ本土決戦か?

昭和20年(1945)4月、アメリカ軍は沖縄に上陸。小《こ》磯国昭《いそくにあき》総理は総辞職した。海軍大将鈴木貫太郎《すずきかんたろう》内閣になる。

東京や大阪は空襲により焦土となっていた。軍は「本土決戦」を叫んでいる。6月に四国鉄道局が設置された。四国は西から攻められたときの防衛ラインだ。四国鉄道局の初代局長は、井上禎一《いのうえていいち》だ。十河が西条学舎の舎監をやっていたとき学舎にいた、西条出身の男だ。

◆憲兵隊を警戒して、四国へ

「東条英機暗殺計画」や倒閣運動をしたのではないかと、十河は憲兵隊からにらまれていた。友人の浅原健三は引っ張られている。十河も家宅捜査を受けた。

十河も一服盛られて、闇から闇に葬られる危険性がある。第202師団長として前橋にいた片倉衷《かたくらただし》は東京憲兵隊の怪しい動きを察して、十河に前橋に来るよう連絡し、「なるべく衆人の目のとどくところにいるように」と注意した。

そんなとき、予讃本線(八幡浜~宇和島卯之町)が開通になった。

開通式に誰か出てほしいが、人が足りないと言う。四国鉄道局の井上禎一が同郷の十河に「開通式に出てくれないか。まげて頼む」と言ってきた。

十河も、憲兵隊から暗殺されないように、なるべく人前にいたい。そこで、出席することにした。

◆次期市長の話題が出た

開通式も無事にすませた。十河は、開通式後、西条での定宿「東《あずま》旅館」に行った。友人や知人が集まって来た。

西条が市になって4年になる。初代市長の高橋作一郎が交代の時期を迎えていた。「病気を理由に辞任する」というのは表向きで、市長反対派との紛糾があった。

「次の市長をだれにしようか」という話になった。当時は選挙ではなく、推薦制だ。この席は十河のファンばかりの集まりだった。

連合軍の空襲は
日本全土に及んだ
昭和20年（1945）
日本は追いつめ
られていた
4月
アメリカ軍が
沖縄に上陸
6月　十河は
四国鉄道局局長の
井上禎一《ていいち》に呼ばれる
予讃本線の
開通式に
出てください
開通式
憲兵に
にらまれている
なるべく
人前にいよう

7-2 市長になるが、報酬はいらない

市民が魚をもってきてくれた

◆名前だけでいいから…

開通式の後の飲み会で、愛媛政界の実力者・工藤養次郎が、十河を次期市長に推す話をした。市の方では「大物すぎる」、「給料はどうするんだ」と困り、「とにかく名前だけでもいいから、市長になってほしい」と十河に頼んだ。十河は「市長にはなるが、給料はいらない」と言い、そのかわり、3つの条件を出した。

1. 報酬をくれるなら辞める
2. 中央から用があるなら辞める
3. 誰かの反対があるなら辞める

昭和20年（1945）、7月3日、十河信二は西条市長に就任した。

◆報酬は絶対にいらない

十河は「報酬はいらない」と言ったら、絶対もらわない。新居浜《にいはま》に自宅はあるが、「市長だから西条に住もう」と借家を探した。前市長の住んでいた小さい家があって、それを借りた。

「市で家賃を出す」と言うと、「家賃はいらない」と怒った。辞めるときにも「退職金」を出そうとすると、「報酬はいらない」と言う。議会や部下が「せめて退職金だけでももらってくれ」と頼んだ。

そこで、十河は、退職金を分配してみんなに配っていった。新居浜の自宅も市に寄贈したという。

（参考「十河市長の思い出」桑原富雄『別冊十河信二』）

◆市民が魚を持って来てくれる

妻のキクが西条にやって来た。終戦のころだから物不足だ。十河が「まったく報酬をもらわない」と言ったために、多くの人がいろいろな食べ物を持って来てくれた。特にみかんが多かった。

十河は瀬戸内の小魚が好物だ。それから相変わらず、甘いものが好きで、砂糖が手にはいったら、ご飯にかけて食べていた。

娘の由子《みちこ》は「食べ物に不自由しなかったので、お金がないなどとは、夢にも思いませんでした」と語っている。

西条市
初代市長・高橋作一郎
病気なので辞任したい
次の市長をどうする？
当時の市長は選挙ではなく推薦で決めていた
十河さんはどうだ
大物すぎる
名前だけでもいいから市長になってください
昭和20年（1940）7月3日
十河は西条市長に就任する
市長にはなるが給料はいらない
中央からの用があれば辞める
誰かの反対があれば辞める

7-3 終戦の玉音《ぎょくおん》放送に嗚咽《おえつ》する

「これからバリバリ働くぞ」と方向転換

◆予算も陳情もスイスイ

十河は日常業務について何も言わない。役所は稟議《りんぎ》だの市長のハンコだのうるさい。ところが、十河は助役にハンコを渡し、「責任はオレがとる。思い通りにやれ」と言っていた。

追加予算の提案説明原稿は助役が書く。十河が「これを議会で読めばいいんだね」と言う。十河の演説で予算が簡単に議会を通った。

中央の各省庁への陳情は十河が行った。十河が陳情にくると、要求が簡単に通る。中には、満州時代の部下が会いに来て、十河の手を取って泣いたという。十河がくると「十河の西条」と言われ、市制4年目の西条市が有名になった。十河の「顔」で予算も陳情もスイスイ通ったのだ。

◆終戦の玉音放送を聞く

市長になって2週間後、「戦争終結の詔書《しょうしょ》」があった。十河は、8月15日正午、職員といっしょに玉音放送を聞いた。十河の「耐え難きを耐えた」戦争時代が終わった。

最初、十河は直立して聞いていた。しかし、だんだん前のめりになり、最後は嗚咽《おえつ》したという。

戦争が終わったのだから、十河はすべて助役まかせの仕事を止めることにした。「これからはバリバリ仕事をする」と決意を新たにした。

◆これからは教育だ

十河は、「教育」と「食料増産」に的をしぼった。

軍国主義の時代、教育は「型にはまった人間」を作ることだった。十河は「機械のような人間を作るのは教育ではない。本来は『人間』を作るのが教育だ」と考えた。

機械のような人間を作ったことが、国の運命を危うくしたのだ。十河は、「祖国再建のためにはまず教育だ」と主張した。

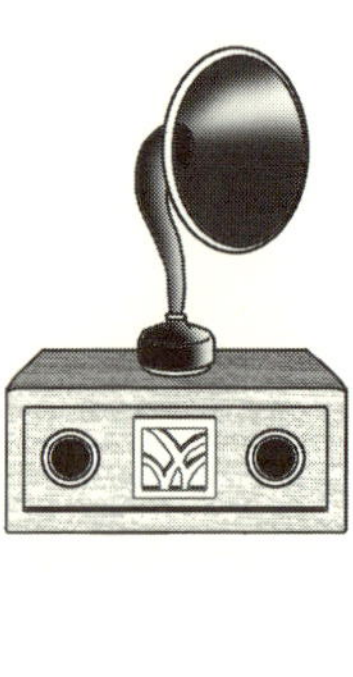

責任はオレがとる
思い通りにやれ
十河は助役に
ハンコを預けた
十河は中央の
各省庁へ陳情に行った
十河さん
満州時代の部下が
会いに来る
こともあった
十河の顔で
予算も陳情も
スイスイ通った
十河の
西条
西条市は
有名になった
昭和20年（1945）
8月15日終戦になる

7-4

十河流の正直な人間をつくる教育

戦時中の教育の欠陥は「嘘つきの教育」だ

◆なぜ愚かな戦争に向かったのか？

ＧＨＱの占領政策は、アメリカ流だった。教育のやり方はその市の市長に任せる。教育は地方分権だ。市長の自由なやり方が許された。

十河は教育再建を考えた。そのためには西条市13の小中学校の校長、教頭、一般教員と個別に話し合いをした。そして、月1回全体会議を開く。西条市の教育方針樹立について、話し合ったのだ。

十河は「これまでの教育の最大の欠陥はなにか？」「なぜこのような戦争に突入したのか？」「なぜ今日のような悲況を招いたのか？」という問題を何度も提出して、数カ月も研究させた。

◆正直な人間づくりをするには…

十河の得た結論はこうだった。「政府も国民も嘘をつき、だまし合ったことが最大の原因だ」。西条市の教育方針は「嘘をつかぬ人」「正直な人」をつくることだ。

「しからば、どうすれば正直な人を作れるか。これは、もっと難しい」と、十河は悩んだ。「ある校長が最善と考える方法があるなら、その校長に任せよう。別の校長が最善と考えるなら、その校長に任せよう。責任は私が持つから、思う存分やってみろ」と、十河は言った。

◆校長や教頭の自由にさせた

結果は十河にとって「興味深いものだった」という。ある校長は「子どもたちに数冊の教科書から気に入ったものを選ばせ、社会科の教科書は数冊の書物を読ませ、たがいに検討させた」という。

十河は驚いた。ある教員が子どもたちに3本の竹ひごをわたし、「勝手に遊べ」と言うと、子どもたちは思いもよらぬ方法の遊びを考えて来た。

十河はさらに、好き勝手にしても、生徒の中からリーダーが出て来て、みんなをまとめるようになったことに驚いた。

これからは教育だ
なぜおろかな戦争をしたのか
政府も国民も嘘をつきだましあったことが最大の原因だ
大本営発表…本当のことを隠し敵の損害を拡大して発表した
敵機動部隊に
空母十三、戦艦三など撃沈破卅五隻に達す
潰走の敵引續き追撃中
空母四を撃沈破
西条市の教育方針は「嘘をつかぬ人」をつくることだ
十河は西条市の小中学校の校長や教諭と話し合った
どうすれば正直な人を作れるか
責任は私がもつ
自由に思う存分やりなさい

7-5 占領軍に「西条は眠ってないぞ」と説明した

オレの信念に基づいて教育している

◆農工学校を作ろう

十河は、労働を重視する教育を考えて、「農工学校の設立」を計画した。木の伐採をし、森の中の工場で働きながらの学習、農作物を作る実習、できた農作物は家庭に持ち帰る。そんな「農工学校の計画」を持って上京した。

文部省に打診すると「将来、商工学校を作る計画はあるが、農工学校は例がない」「申請の時期が悪い」などと言われた。あまりに杓子定規《しゃくしじょうぎ》な対応だ。十河のカミナリが落ちた。

十河は、「内容はいいというなら、許可なしで勝手に開校します。今は占領下だ。万一、アメリカ当局から文部省に問い合わせがあったら、私が話します。『必要があるという信念があるからやる』と率直にいいます」と言った。文部省も困って、十河に「仮免許」を出すことにした。

◆西条は眠っていない

墨塗り教科書の時代だ。占領軍が「この教科書は廃棄処分だ」と、まるまるだめになるものもあった。現場の先生は言われるまま。文部省は「あれを教えちゃいけない。これはダメ」というばかりで、いっこうに教育方針を示さない。

文部省の視学官がやって来た。四国四県の市を見て回り、西条市にもやって来たのだ。教科書や先生をチェックした。十河は「私の信念に基づいてやっている」と説明した。活気のある教育をしていることに視学官はビックリした。

どこの県でも、まだ教育が眠っていた。休眠状態だった。だが、西条は眠っていない。起きて動いている。その動きが正しいかどうかは、視学官にも判断ができないが、何か感じるものがあった。

◆十河の新旧の両面

十河は民主主義にふさわしい新しい教育をしたが、西条市長になる前、昭和14年（1939）ごろ、神武天皇の東征のあとをたどり、大和、山城、紀伊、伊勢などを旅している。古風な面と新しい面との両方を持っていた。

農工学校を作ろう
木の伐採をし森の工場で働きながら勉強し農作物を作る実習をする
文部省
前例がない時期が悪い
信念があるから作るんだ許可なしで勝手に開校する
アメリカが何か言って来たら私が話す
文部省は「仮免許」を出した
文部省の視学官が西条を視察した
西条の子どもはイキイキしているなあ

7-6

市内に流れる河川をきれいにしよう

川の氾濫がなくなり、国道がよくなった

◆まず、河川の氾濫をなんとかしよう

十河は教育と同じく、「食料増産」にも力を入れた。西条は土地が狭い。四国山脈と瀬戸内海に挟まれた土地で、江戸時代は3万石だ。

山から多くの川が流れ、それが氾濫《はんらん》して危険だ。田んぼだけでなく、家や財産まで脅《おびや》かされる。十河は「市内に流れ込む11の河川の氾濫を未然に防ぐにはどうするか」を研究することにした。

中国古代の皇帝の禹《う》が「治国の根本は治水にあり」といった。それに十河はならった。しかし、西条4万の市民の中には、専門家や技術者がいない。そこで、十河は四国鉄道局に行って「ぜひ、外地から引き上げて来た職員の中で、専門技術者がいれば紹介してもらいたい」と頼んだ。

そしてさっそく調査を始め、なんとか治水の計画が出来上がった。

◆西条が水の都に戻った

計画にそって、各河川の河口を浚渫《しゅんせつ》することになった。浚渫とは掘ることだ。ただ、浚渫した土砂を捨てる場所がない。

十河は「その土を国道の改修に使ってほしい」と、各知事や関係者を歴訪した。すると、当局から快諾を得ることができた。しかも、青年団が浚渫した土砂を道路改修の場所まで運搬してくれた。

これによって、河川氾濫の危険性が減り、十河は大いに喜んだ。国道改修の用材として利用もでき、改修工事もはかどったのだ。

市内を流れる川が掃除され、きれいになった。十河は「たいへんな好結果が出た」と喜んだ。西条は水の都に戻ったのだ。

◆まず基礎固めから

河川の浚渫や国道の改修をしただけでは、食料増産にならないが、まず、河川の氾濫の危険性がなくなり、さらに、物資の運搬がしやすくなった。残る問題は西条の海が遠浅なことだった。

次は
食料増産
まずは
治水工事だ
河川の氾濫を
防ごう
渦井川
加茂川

各川の河口を
浚渫《しゅんせつ》することにした
＊浚渫
川の底面を浚《さら》って土砂などを
取り去る土木工事のこと

掘った土砂は
道路改修にあてた
きれいな川
川の氾濫の防止
道路の改修
一石三鳥だ

7-7

工事費あと払いで住友を説得する

「天下万民のため、ひと肌ぬげ」と言う

◆幻の埋め立て計画

西条には前々から、埋め立て計画があった。十河は、「西条は有名な遠浅で、沖合2里まで艀舟《はしけぶね》で行かなければ、150トンの汽船に乗ることができない。昔は東京に行くにも、人力に1里乗って、人力車を艀舟に横付けして、艀舟で2里乗ったものだ」と語っている。そしてさらに、十河は「戦争中に、西条の海を埋め立てて工場を造ろうとした。山下汽船に埋め立て費用を出させ、完成後支払うという約束をした。結局、工事に必要な器具を軍に供出したので、工事がストップし、そのうち終戦を迎えたのだ」と話した。十河は、戦後、工場誘致を諦め、農地に転換しようとした。

◆住友に乗り込む

十河の計画では「第1期の干拓で80町歩《ちょうぶ》。第2期の干拓で100町歩、第3期の干拓で120町歩、合計で300町歩の干拓をする」つもりだった。1町歩は正確には、0・9917ヘクタールで、ほぼ、1ヘクタールだ。

貧弱な市の財政でこの大事業をどうやるか。愛媛県に言っても、とうてい取り上げてもらえない。そこで十河は妙案を考えた。

住友別子《べっし》鉱業の工事部に料金のあと払いで請け負ってもらおうというものだった。住友は別子銅山《べっしどうざん》の経営者で、西条市や新居浜《にいはま》市とは昔から関わりが深い。十河は住友に乗り込んだ。「地方の住民が食料難で困っている。ここはひとつ、干拓事業にひと肌ぬいでほしい。そうすれば、天下万民が信用する。そうすれば、政府の事業として取り上げてもらう運動ができる」と説得して、快諾を得ることができた。

◆今度は農林省に掛け合う

十河は、この干拓工事に関する西条市と住友の契約書を持って上京し、農林省を訪ね陳情した。農林省でも「工事費あと払いの干拓工事」など、初めは信用しなかったが、十河が説明し、事業はその後農林省に移管されることになる。

西条は
遠浅だ
沖合まで艀舟《はしけぶね》で行って
汽船に乗っていた
干拓をしよう
遠浅を耕作地に
するのだ
そんな大事業
予算が
ありません
十河は
住友別子鉱業を
説得する
天下万民のために
干拓をする
ひと肌脱いで欲しい
工事費は後払いだ
住友幹部
斎藤武幸
事業主体
西条市
農民は米を
拠出
愛媛県の
補助事業
施行は住友
工事費は
米で払う

7-8 農林省にカミナリを落とす

十河の手がはなれると、国が動かなくなった

十河は結局、300町歩を450町歩に拡大し、国の直轄《ちょっかつ》事業にさせることに成功した。

干拓地では米の収穫高が上がった。十河は、世話になった住友に、当時は貴重なもち米を1俵、持っていった。

◆塩抜きも簡単だった

西条は水の都だ。地下水に恵まれている。平坦部には大量の自噴井があり、「うちぬき」と呼ばれている。これほど干拓に適した場所はない。ふつう干拓というと、まず塩抜きをしなければいけない。

ところが、西条は少し掘っただけで真水がコンコンと湧いてくる。それで、自然に塩抜きができるのだ。

十河のやった新しい干拓が呼び水となり、江戸時代の古い干拓もよみがえったという。

ちなみに現在、西条の「うちぬき」の水は名水百選に選ばれている。

◆計画をもって、農林省に行く

十河が300町歩《ちょうぶ》の干拓を農林省に説明した。農林省としても、300町歩では莫大な資金がかかる。第1期80町歩だけでも数千万円かかる。最初はとりあってくれなかった。十河に力説されて、農林省は「第1期の80町歩だけやって、成功したら、第2期、第3期は国の事業としてやろう」ということになった。

◆農林省に再びカミナリを落とす

第1期工事をしているとき、堤防は後回しになっていた。仮の工事で、本格構造のものの計画を作っていた。その途中で、十河は市長を辞めることになったのだ。昭和21年(1946)4月のことだ。

十河のもとへ、次期市長が「第2期が中止になりそうだ」と訴えて来た。第2期工事をしなければ、堤防がないので第1期の工事の干拓地も波にさらわれてしまう。

十河は次期市長と農林省に乗り込んだ。「契約不履行《ふりこう》だ」とカミナリを落とした。

十河は住友との契約書を持って農林省に陳情に行った
300町歩(約300hr)のうちまず第1期80町歩をやりましょう成功したら第2期第3期は国の事業にします
十河が市長を辞めたあと第2期工事が中止になった
契約不履行だ
十河は300町歩を450町歩に拡大し国の直轄事業にさせた
干拓地は農地になり米の収穫が行われた

7-9 鉄道弘済会の会長になり、市長を辞める

鉄道弘済会の再建に乗り出す

◆占領軍から市長を辞めるようにと言われる

占領軍は「戦時中から自治体の長にあるものは自主的に去るように」と指示した。

昭和21年（1946）4月17日、十河は西条市長を辞めることになった。そのときにはもう、鉄道弘済会会長の就任が決まっていた。

十河は22年1月に愛媛を去った。

◆鉄道弘済会の会長になる

4月8日、十河は鉄道弘済会の会長になった。西条市長と少しだぶっている。

鉄道弘済会つまり駅の売店は、もともと鉄道で事故にあった人や退職者の受け皿だった。収益事業と同時に社会福祉事業だ。

弘済会の仕事は「名前だけでいいから、会長になってくれ」というものだった。西条市長のときと同じで、「名前だけ」と言われると、十河はかえって全力投球する。

さっそく十河は、鉄道弘済会の再建に乗り出した。このころの国鉄は、空襲、戦時中の酷使、レールの老朽化などでズタズタになっていた。十河は「鉄道共済組合から金を引っ張ってきて、鉄道弘済会の再建をしたい」と思っていた。しかし、国労の反対でうまくいかない。十河は国鉄当局に熱く語って、なんとか国鉄に金を出させたという。

◆戦犯として取り調べられたが…

占領軍に「戦犯容疑者」として取り調べられたことがあった。占領軍に「十河が戦時中、捕虜を虐待した」という投書があったのだ。

戦争末期、伊豆の鉱山採掘の責任者を頼まれたときのことだ。人手不足で、中国人捕虜を従事させていた。食糧事情が悪く、重労働に耐えられない。十河は「それでは中国人がかわいそうだ」と思った。

そこで、伊豆の山の上に捕虜を連れて行き、密かに肉を焼いて食わせたりした。中国人から感謝状まで来ていた。占領軍の人間も驚いた。十河は解放された。

戦争中
自治体の長で
あった者は
辞任する
ように
GHQ
昭和21年（1946）4月17日
十河は西条市長を辞める
就任期間は1年未満だったが
おおいに成果をあげた
4月鉄道弘済会会長になる
＊鉄道弘済会
国鉄の公傷退職者、永年勤続退職者と
その家族や遺族を救済する目的で
昭和7年（1932）に設立された
中国人捕虜
虐待の容疑だ
十河は
占領軍に
戦犯として
取り調べられた
十河は戦時中
伊豆の鉱山
責任者をした
時期があった
捕虜たちは
みんな
栄養失調で
疲弊していた
食べなさい
こっそり肉を
食べさせた
十河さんが
虐待なんて
とんでも
ない
感謝してます

7-10

総理大臣・吉田茂、鳩山一郎誕生に、十河が関わった

十河が直接、吉田茂に電話をした

◆総理になりなさい

鉄道弘済会のころ、十河は、銀座8丁目の安部鹿蔵の店の3階で安部と会っている。安部は古い友達で、ここでよく2人は天下国家について論じた。安部はそのときの話としてこう語っている。

「戦後、保守政党の古嶋一雄から、十河さんに『総理になってくれ』という話があったそうだ。十河は『もし、日中が重要な関係なら、私がやる。今は日米が大事だ。吉田茂先生を総理にしなさい。先生は対英、対米に詳しい。私からも話をするから』と言ったという。実際、十河は直接、吉田を口説いたらしい」

◆鳩山一郎内閣も作る

昭和29年（1954）赤坂の金龍に、十河と、友人の浅原健三と安部鹿蔵が呑みにいった。当時、吉田の後の総理は、緒方竹虎《おがたたけとら》がなると決まっていた。緒方は保守第1党だ。

浅原が「鳩山にも総理をやらせたい」と言った。十河は「鳩山は人がいいから、今の政局じゃ務まらんよ。いい番頭をつけないとだめだ」と答え、「番頭は三木武吉《みきぶきち》だよ」と付け加えた。浅原は十河に、「それなら、三木を口説いてくれ」と頼んだ。

◆社会党を説得した

十河は、三木に直接電話をした。三木は「鳩山が緒方に勝てっこない」と否定した。十河は、社会党が保守の鳩山に投票すれば勝てると考えた。

そこで、安部鹿蔵が社会党の鈴木茂三郎《すずきもさぶろう》を説得する。鈴木は「社会党が保守の鳩山に投票できるわけないだろう」と笑った。安部は、「このまま緒方が勝ったら、保守本流になってしまう。鳩山はお坊ちゃんだから、社会党にとって、鳩山内閣のほうがやりやすいぞ」と口説いたのだ。結局、このときは鳩山が勝った。

そういうわけで、鳩山一郎内閣を作ったのは十河みたいなものだと、安部は語っている。

（参考「十河先生はなぜ政治家にならなかったか」安部鹿蔵『別冊十河信二』）

戦後すぐ
保守政党の古老
古島一雄
総理を引き受けてくれ
これからの日本はアメリカや欧州とつきあわなければならない対米政策に強い吉田茂さんを総理にしなさい
十河は名誉欲がなかった
吉田茂内閣は十河のアドバイスで実現したともいえる
十河は仲間とよく天下国家について論じた
吉田茂のあとの総理は緒方竹虎だな
安部鹿蔵
鳩山一郎を総理にしたい
浅原健三
鳩山にはいい番頭をつけないとダメだ番頭は三木武吉だ
緒方に勝てっこない社会党が票を入れてくれるなら出るよ
安部が社会党を説得した
三木武吉
緒方が総理になると保守本流だやりにくいぞ
社会党
鈴木茂三郎
安部鹿蔵
社会党が協力して鳩山一郎が総理になった十河さんが鳩山内閣を作ったみたいなもんだ

第8章

国鉄総裁

新幹線建設を始める

国鉄総裁を受けて記者会見をする十河（71歳　1955年）

国鉄幹線調査会が新幹線建設を答申
（1958年7月7日）

「初めて就職した、いわば生まれ故郷の大事だから、最後の御奉公と思い、線路を枕に討死にする覚悟で引き受けた」会見で心境をこう語ると、ゴールに向けてひた走った。十河のゴール、それは広軌新幹線だった。

1958年12月12日新幹線の着工が正式に決まる。
青山墓地に眠る後藤新平に報告

妻キクとの最後の1枚（74歳　1958年）

8-1

怪事件や事故が続き、そのたびに総裁が辞任

三木武吉《みきぶきち》が十河を国鉄総裁に推す

◆怪事件が続く

昭和24年（1949）、下山事件が起きた。国鉄総裁下山《しもやま》定則《さだのり》が轢死体《れきし》で発見される。自殺説で片付けられてしまった。10日後、三鷹事件が起きる。中央線三鷹駅で無人列車が暴走して、6人が死亡した。続いて、松川事件が起きる。東北線松川駅の脱線転覆の事故だ。

怪事件の連続で、多くの職員が追放された。占領軍は、初め「労働組合＝民主化」という図式だった。ところが、社会主義や共産主義が強くなってくると、「日本の赤化」を恐れて、占領軍は労働組合をなんとか封じ込めようとしたのだ。

3つの怪事件のあと、国労が弾圧された。そのあとも事故が多発。そのたびに、国鉄総裁が引責辞任する。総裁のなり手が「そして、誰もいなくなった」のだ。

◆十河を国鉄総裁にしよう

戦後の政界をリードした吉田茂が辞任した。そのあと、鳩山一郎内閣ができた。番頭は、総務会長三木武吉だ。鳩山の日本民主党は保守第2党だ。

前述したように、十河と安部鹿蔵が社会党を説得して、鳩山を総理にしたようなものだ。

鳩山と三木の方でも、「国鉄総裁をだれにしようか」と考えた。三木は鳩山に「十河にしよう」と提案した。元運輸相の村上義一《むらかみぎいち》（種田虎雄《おいたとらお》の後任の近鉄社長）や電力の鬼・松永安左ェ門《ながやすざえもん》が三木にプッシュした。

◆三木に「国鉄総裁になれ」と言われる

東京・紀尾井町《きおい》の福田屋で、十河は三木武吉、それから国対委員長の砂田重政（愛媛県出身）に会い「国鉄総裁になれ」と言われた。十河が、高齢と病気を理由に辞退すると、三木は「君は国鉄の人間だったのではないか。いわば、国鉄は君の祖国だ。国民大衆に奉仕する役所ではないか。今、城が城主なきに苦しんでいる。老齢だの、病気だのと言って、一死奉公する気はないのか。武士道や日本精神が廃れたか」と言った。十河は痛いところを突かれた。

昭和24年（1949）
国鉄では怪事件が続いた
下山事件
7月6日国鉄総裁
下山定則が轢死体と
なって発見された
三鷹事件
7月15日
東京三鷹駅で
無人電車が暴走
死傷事故が起きる
受刑者は冤罪を
訴えたが
獄死している
松川事件
8月17日福島県
松川町を通過中の
列車が脱線転覆
何者かによる
列車妨害だった
その後も国鉄では
事故が多発
国鉄総裁が引責辞任し
総裁のなりてがなかった
総理大臣
鳩山一郎
十河さんに
国鉄総裁を
やってもらおう
三木武吉
三木と国対委員長・
砂田重政が十河を説得する
高齢で病気だ
辞退しますよ
国鉄は君の祖国だ
いま祖国の城が
城主なきに苦しんでいる
一死奉公する気はないのか
武士道精神がすたれたか

8-2 総裁に就任する。引責辞任しない総裁だ

「鉄道博物館の古機関車」と言われた

◆十河は引責辞任しなかった

初代総裁の下山の轢死《れきし》。昭和26年（1951）に桜木町事故があって、2代総裁加賀山之雄《かがやまゆきお》が引責辞任。昭和30年（1955）に宇高連絡船「紫雲丸《しうんまる》」が国鉄貨物船と衝突、168名が死亡。3代総裁長崎惣之助《ながさきそうのすけ》が引責辞任した。まさに貧乏くじだ。

十河は、三木から「大和魂はないのか」と言われ、「最後の奉公と思って引き受けます。レールを枕に討ち死にする覚悟です」と言って引き受けた。十河が総裁になったあとも、国鉄では三河島などの事故があった。しかし、十河は被災者の家庭を丁寧に弔問し、涙ながらに心から詫びた。引責辞任はせず、2期8年総裁の席にいた。

◆広軌新幹線構想をぶち上げる

十河の就任に一番びっくりしたのは、主治医の楢崎正彦《ならざきまさひこ》だ。十河は脳軟化を起こし、血圧が乱高下する71歳の老人なのだ。朝日新聞は、十河の就任を「鉄道博物館の古機関車を持ち出した」と書いた。だが、この「古機関車」はおそろしく馬力があった。

十河は最初から、広軌新幹線を作る気だった。審議室で十河は若い職員に向かってこう言った。「私が『弾丸鉄道』に血道《ちみち》を上げているので、君たちは私の頭がおかしいと思うだろう。だが、このままでは国鉄は道路と空にやられてしまう。私は君たちに『夢』を与えてやりたい」と。弾丸鉄道を通す長期計画をぶち上げた。若い職員は、目をパチクリさせビックリしたのだ。

（参考「十河先生のお供をしまして」蔵田昭《くらたあきら》『別冊十河信二』）

◆オソマツな予備調査にカミナリ

十河は広軌新幹線の調査を建設部に依頼した。あがってきたレポートは通り一遍なオソマツなものだった。十河はレポートを叩き付け、技師長・藤井松太郎に言った。「技師長はもっと視野の広い人に頼みたい。君、替わってくれ」。藤井はあっさり「オレもそう思う。替えてくれ」と言ったのだ。

十河は元国鉄技師、島秀雄のことが頭にあった。

歴代国鉄総裁

初代・下山定則	下山事件（昭和24年/1949 7月5日）	1949年7月轢死
第2代・加賀山之雄	桜木町事故（昭和26年/1951 4月24日） 横浜市桜木町構内で起きた列車火災事故。 焼死者106名。	1951年8月引責辞任
第3代・長崎惣之助	紫雲丸事故（昭和30年/1955 5月11日） 宇高連絡船「紫雲丸」と貨物運航船 「第三宇高丸」が衝突、沈没した。 修学旅行中の児童ら168名が死亡。	1955年5月引責辞任

昭和30年（1955）5月20日
十河は第4代
国鉄総裁に就任した
レールを枕に
討ち死にする
覚悟です
71歳

一番驚いたのは
主治医の楢崎正彦だった
討ち死になんて
エンギでもない

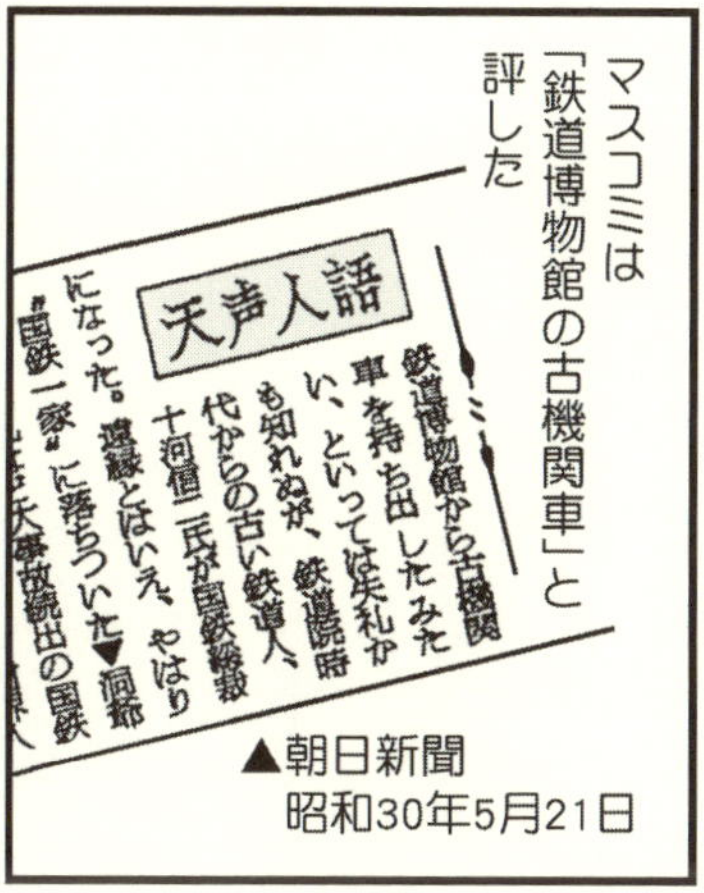

マスコミは
「鉄道博物館の古機関車」と
評した
天声人語
鉄道博物館から古機関
車を持ち出したみた
い、といっては失礼か
も知れぬが、鉄道院時
代からの古い鉄道人、
十河信二氏が国鉄総裁
になった。遺縁とはいえ、やはり
『国鉄一家』に落ちついた▼洞爺
天災事故続出の国鉄
▲朝日新聞
昭和30年5月21日

このままでは
国鉄は道路と空に
やられてしまう
私は君たちに
『夢』を与えたい
十河は弾丸列車
構想をぶち上げた

8-3

技師長・島秀雄を直接口説いて招いた

「親父の弔《とむら》い合戦をしないか」

◆島秀雄のスカウトに取りかかる

島秀雄は島安次郎《しまやすじろう》の息子だ。親子2代の国鉄の技師だ。十河は島秀雄を「父親の弔《とむら》い合戦をしないか」と言って口説いた。島秀雄も優れた技師だ。蒸気機関車の傑作C53、狭軌では世界最高速度の蒸気機関車C62、蒸気技術の粋と言われたC59。すべて島秀雄の設計だ。

◆十河が島秀雄を直接口説く

島は国鉄を退職し、住友金属工業の取締役になっていた。十河は住友金属の広田社長に「島秀雄君に国鉄のアシスタントとして来てもらえないだろうか」と頼んだ。

広田社長は島に「国鉄総裁からの頼みだし、あなたさえよければ行ってくれないか」と言った。島は「国鉄を去った身だし、とうてい国鉄に戻る気はない」と答えた。しかし、十河はいったん心に決めたら実現する人物だ。島を直接口説いた。「君の父親は『広軌改築』をしようとして、果たせずに亡くなった。息子として、やる義務があるんじゃないかね」。島はしだいに「士は己を知る者のために死す」という気持ちになっていった。昭和30年（１９５５）11月、島の国鉄技師長就任が決まった。

（参考「ひかり号の道――十河さんとともに八年」島秀雄『別冊十河信二』）

◆新幹線を夢見るグループができた

十河の広軌案は、広軌派と言われた後藤新平、仙石貢《せんごくみつぐ》の遺志を継ぐものだ。明治以来の広軌派の国鉄OBは十河を支持した。

昭和30年秋、国鉄総裁審議室の若手技師たちは、十河に頼まれて広軌新幹線の検討を始めている。「爺さん」というのが国鉄内部の十河の愛称《あだな》で、国鉄の大部分の幹部は「広軌は爺さんの夢でつまらん」と言っていた。

ただ若い技師たちは本能的に興味をもち、広軌派の先輩たちに相談した。

「しつこい爺さんの広軌論を研究したい」「おもしろい、是非やれ」と励まされた。しかし、広軌反対の上司にみつかると文句を言われるので、技師たちはこっそり家に持ち帰って研究したのだ。

島 秀雄
島安次郎の息子だ 秀雄もすぐれた技術者だ 国鉄技師だったが 桜木町事故の 責任をとって 国鉄を辞めていた
責任のなすりあい 体質にいやけが さした

島秀雄の設計
C59
蒸気技術の粋といわれた
C59103
湘南電車
緑色に窓まわりのオレンジを
配した塗装は「湘南色」と呼ばれた
◀初期モデル

十河は島を直接 口説いた
君の父親は 『広軌改築』を しようとして 果たせずに 亡くなった
息子として やる義務がある んじゃないかね

島は国鉄に復帰 十河と島は 新幹線実現に 向けてタッグを 組んだのだ

8-4

「東海道に広軌鉄道を作ろう」という冊子

早朝、鳩山一郎邸を訪ねた

◆自前のパンフレットを作る

十河は、島秀雄を「国鉄副総裁」にしようとした。役所は法律を変えなければいけないから、ダメだと言う。そこで「副総裁格」にした。島は「副総裁格技師長」になった。

十河は、自分で「東海道ベルト地帯の輸送力ゆき詰まりを打開するため、広軌の鉄道を作る必要がある」という薄いパンフレットを数冊作った。このパンフレットを要人に会うたびに配った。

（参考「十河総裁にお仕えして」君《きみ》ケ《が》袋《ふくろ》真一《しんいち》『別冊十河信二』）

◆朝早く鳩山一郎を訪ねる

このパンフレットを持って、鳩山一郎の音羽《おとわ》の家に早朝、訪ねていった。十河はいきなり熱弁をふるって、隣部屋にいた薫子《かおるこ》夫人を驚かせた。

十河は「東海道に広軌鉄道を作ることについて、大臣や党の幹部を説得する自信はあります。閣議で異論が出たときのために、お墨付きをください」と熱く語った。

大変な自信だ。大臣ぐらいなんとも思ってない。鳩山が「何年で、いくらかかるのか」と聞くと、十河が「初年度は１００億です」と言った。鳩山は「出しましょう」と言って、調査費１００億を出した。

また、政調会長・砂田重政のところには、近くまで車で行き、あとは歩いて訪ねた。砂田は十河が歩いて訪ねて来たのでビックリした。当時の十河は周囲を恐れさせる情熱に満ちていたという。

◆ライバル同士が助け合った時代

昭和32年（１９５７）、小田急ＳＥロマンスカーが東海道線を走った。函南《かんなみ》〜沼津では最高時速１４５キロを出した。狭軌の最高時速だった。

小田急といえば、国鉄のライバル会社だ。しかし、小田急にはスピードの出せる線路がなかった。そこで、国鉄の線路を借りて、走行実験をしたのだ。当時、技術者同士が助け合った時代だった。このＳＥロマンスカーの走行実験の2カ月後、国鉄は「ビジネス特急こだま」の設計を始めた。

（参考『新幹線をつくった男―島秀雄物語』高橋団吉）

十河は自前のパンフレットを作って要人たちに配った
東海道ベルト地帯の輸送力は行き詰まっている広軌鉄道が必要だ
総理大臣・鳩山一郎の私邸にも早朝おしかけた
薫子夫人
大臣や幹部を説得する自信はあります
閣議で異論が出たら総理として決断してください
いくらかかる?
初年度は調査費で100億です
う〜ん
昭和32年（1957）
小田急ロマンスカーが最高時速145キロを出した
2カ月後
国鉄はビジネス特急こだまの設計を始めた
こだま
KODAMA

8-5

狭軌か広軌か、調査会の攻防

交通機関が経済をリードせよ

◆東海道線増強調査会が始まる

昭和31年（1956）5月19日、国鉄内で第1回「東海道線増強調査会」が開かれる。

当時は、神武景気が始まり、東海道線を利用する旅客、貨物量が日ごとに増えていっていた。

十河は初めから「東海道線の輸送力を増強するには、広軌新幹線を作るしかない」と思っている。調査会は国鉄の意思統一をはかる説得会議のつもりだった。

十河は「鉄道は斜陽産業じゃない。ドイツでも鉄道熱は盛んだし、アメリカでもペンシルベニア州では新たに作ろうとしている。東海道の増強は、広軌にしてスピードアップするしかない」と主張した。

（参考「東海道線増強調査会資料」『別冊十河信二』）

◆狭軌か広軌か

調査委員会が始まると、また、「狭軌」か「広軌」かという論争がおきた。明治以来、「憲政会の改主建従」と「政友会の建主改従」が争って来ている。政争の具になり、政権が変わるたびに、広軌と狭軌が入れ替わった。今また、その同じ論争が始まろうとしていた。

◆相変わらずの案が出た

同年7月4日、第2回調査会が開かれる。島技師長がいろいろ増強案の提示を求めた。

イ．今の線路に併設する

ロ．別線の狭軌

ハ．別線の広軌

ニ．モノレール、その他

国鉄は十河が総裁になる前に狭軌増強路線で決定していた。相変わらずの保守的な考えで、イの今の線路に併設する案のほうが大勢を占めていた

◆新聞に「東京～大阪4時間」と出る

十河は記者会見で「東京～大阪間に広軌新幹線を建設、4時間運転をする」とぶち上げた。なかなか結論が出ない調査会に、少し先走りして既成事実のように語ったのだ。

神武景気が始まり
東海道線の輸送が
ゆきづまりつつあった
EH10 16
第1回東海道線増強調査会
昭和31年(1956)5月に開かれる
鉄道は斜陽産業ではない 東海道の輸送増強は広軌にしてスピードアップするしかない
広軌なんて爺さんの夢だよ
第2回調査会
7月に開催 いくつかの案を出した
イ.今の線路に併設する
ロ.別線の狭軌
ハ.別線の広軌
ニ.モノレール、その他
モノレールはないでしょ
島秀雄

8-6 十河は「スピードがいちばん大切だ」と訴える

慎重に慎重に広軌案へ誘導していく

◆機関車ではなく電車を使おう

第3回調査会は同年9月4日に開かれた。

島技師長は「重い機関車ではなく、軽い電車を使う。貨物ではなく、人間の輸送を中心に考えるのはどうか」と提案した。「貨物はスピードを要求するものは少ない。人間は早く行きたいものだ」と説明した。島は、人間の輸送を中心にして、スピードを早くしたいと言った。

◆技術に正直になれ

第4回調査会は、昭和32年（1957）1月23日に開かれた。議論はいよいよ核心に入った。

資料を見ていた十河が、「狭軌案と広軌案のスピードは、それほど差がない。広軌が時速170キロ、狭軌が時速130キロ、駅が50駅、到着が1時間半しか違わないのはなぜか」「この資料は狭軌の速度を広軌の速度より高く見過ぎている。もっと技術に忠実な資料を出すように」と述べた。

それに対して「スピードはそれほど重要でない」という意見が出た。

十河は憤然として「スピードはいちばん大切だ。東京〜大阪間の距離を世界では4時間で走っているのに、日本は8時間かかるというのでは、世界の競争に勝てない」と言った。

藤井理事が反論した。「技術屋は新しいことをやりたいだろうが、国鉄の財政や施設の状況からみて、今すぐ飛躍するべきではない」

十河「それが陥ってはならない政治的な考えだ。経済の見通しが先ではない。交通機関が経済をリードするのだ」

相変わらず、結論が出ないまま、第4回調査会は終わった。

◆政治家や運輸省への根回しを行う

国鉄で調査会を開くかたわら、十河は精力的に政治家を説得して回った。運輸省には弾丸列車計画に携わった者もいて、だんだん広軌派に有利な空気になってきた。

島も、慎重に慎重に、技師たちを広軌へ誘導していった。

第3回調査会
昭和31年（1956）9月
賛成なのか反対なのか
はっきりしない態度
う〜む
重い機関車ではなく軽い電車を使います
人間の輸送を中心に考えてください人間は早く行きたいものです
第4回調査会
昭和32年（1957）1月
スピードが一番大切だ世界が4時間で行ける距離を日本で8時間かかるのでは世界の競争に勝てない
国鉄の財政状態や施設の現状からみて広軌は無理です
理事・藤井松太郎
経済の見通しは後だ鉄道が経済をリードするのだ

8-7 世論を味方に、一気に広軌新幹線へ

「東京～大阪3時間の可能性」講演会は大盛況

◆結論が出ない調査会

第5回調査会は、昭和32年（1957）2月4日に開かれた。この日、十河は長い演説をした。

「国鉄は将来どうあるべきか、という理想案を検討してほしい。東京～大阪を8時間で走るか、4時間で走るかということが、国鉄の経済にどうひびくかを考えると同時に、日本の経済にどうひびくかを考えねばならない。この先、スピードが非常に大切な問題になる。狭軌ではスピードの限度に来ている」と広軌別線を説いた。

相変わらず議論は堂々巡りだ。島は、「世間全体で判断が必要」「調査会はここで一休みとする」と締めくくった。調査会は結論が出ないまま、5回以降は開かれなかった。

（参考「東海道増強調査会資料」『別冊十河信二』）

◆東京～大阪、3時間の可能性

昭和32年（1957）5月30日、東京銀座山葉（ヤマハ）ホールで国鉄の鉄道技術研究所創立50周年記念講演会が行われた。鉄道技術研究所では新幹線の技術開発が集中的に進められ、その技術系の博士たちが講演した。

山葉は定員500人だが、雨にもかかわらず、それを越える人数が入った。テーマは「超特急列車、東京～大阪3時間の可能性」だ。後援は朝日新聞で、新聞や電車の中吊り広告で宣伝した。

鉄道技術研究所の所長は篠原武司だ。広軌鉄道を敷いて、低重心、軽重量の電車を走らせる。平均時速150キロ、最高210キロで走るという。聴衆は新技術に聞き入った。講演が終わると拍手が起きた。世論は広軌新幹線に向き始めたのだ。

十河は国鉄理事らを集め、同じ講演を総裁室でも開いた。

（参考『新幹線をつくった男―島秀雄物語』高橋団吉）

◆ビジネス特急こだまは新幹線そのもの

昭和33年（1958）には「ビジネス特急こだま」が登場している。「こだま」は高速走行試験で163キロの当時の狭軌鉄道の最高速度を達成した。「こだま」の技術、サービスは、新幹線に受け継がれていった。

昭和32年（1957）5月30日
東京銀座・山葉ホール
鉄道技術研究所創立50周年記念講演
超特急列車
東京〜大阪3時間の可能性
後援：朝日新聞社
定員500人を越える人が集まった
わいわい
ホントにそんなに早く行けるのか
鉄道技術研究所所長
篠原武司
広軌鉄道を敷いて低重心軽重量の電車を走らせます
最高時速210キロが可能です
お〜
すばらしい

8-8

国会をだまして、とにかく予算を通せ

予算を半分に圧縮してしまった

◆広軌優勢で大臣に申請

鉄道技術研究所の講演会大盛況を機に、十河は運輸大臣・中村三之丞《なかむらさんのじょう》に「東海道本線の増強について適切な配慮を」と申請した。そこには、広軌別線と狭軌別線が並記されていた。

しかし、十河の綿密な根回しによって広軌の可能性は高かった。内閣審議会の委員長・大蔵公望《おおくらきんもち》は元満鉄理事で、積極的に広軌論を支持した。

調査会から総裁に進言する書類には、20個以上のハンコが必要だ。広軌派が有利になったのを感じた委員は、黙ってハンコを押すと、書類を手渡さず、床に叩き付けた。

◆とにかく予算を通せ

昭和32年（１９５７）に設置された「幹線調査室」で予算が計算された。少なく見積もって5年間で３０００億だ。

島はこの予算案を十河のところに持って行った。十河は、「３０００億では高すぎる。半分にしてくれ。国会で、『３０００億かかるなら、狭軌にしろ』と言われかねない。額面はともかく、予算さえ通してしまえばいい。あとはオレの政治力でなんとかする」と言った。

十河は業者の入札価格も抑えようと考えていた。すべて十河の信念とカミナリで押し切るつもりだ。

かくして、総予算１９７２億で国会を通った。どうせ足りなくなる。しかし、十河はなんとかするつもりだ。島は「政治家はえらいことをする」と、その度胸に恐れ入った。

◆国会をだました

十河は国会をだましたことになる。十河は「かならず国民のためになる」という信念を貫いた。最終答申は「広軌別線」「交流電流」「旅客は3時間、貨物は5時間半」「工事費は利子を会わせて１９００億円」ということになった。

このころは、第2次岸信介《きしのぶすけ》内閣。運輸大臣は永野護《ながのまもる》。大蔵大臣は佐藤栄作。佐藤は十河になにかと世話になった鉄道省出身だった。

広軌派優勢で
運輸大臣に
申請書を出した
申請書には
調査会委員の
ハンコが必要だ
狭軌派の委員
ちっ
あと20コ
ハンコを
もらわ
なければ
ならない…
トホホ
予算は
3000億くらいに
なります
高すぎる
それでは国会を
通らん
半分に
してくれ
あとはオレが
責任をとる
度胸が
あるな～
昭和32年（1957）12月12日
新幹線の着工が正式に決まる
十河は後藤新平
仙石貢の墓参りをした
やっと
広軌新幹線が
できますよ
昭和34年（1959）3月31日
新幹線の予算が国会を通る
1972
億円

8-9

伊勢湾台風で広軌ゲージに！

佐伯勇《さえきいさむ》が近鉄を広軌にした

◆近鉄の社長が十河をへこました

昭和32年（１９５７）、近鉄では長良《ながら》川に新しい鉄橋を作ろうとしていた。揖斐《いび》～長良川鉄橋だ。この鉄橋は、もともと国鉄が作った。関西線複線化を見込んで計画。ところが基礎だけ作って放置されていた。

近鉄はこの鉄橋を再利用しようとした。「使ってないなら、もらいたい」と。しかし、国鉄のＯＫが出ない。

近鉄のリーダー佐伯勇が十河国鉄総裁に直談判に乗り込んだ。佐伯は愛媛県西条（当時周桑《しゅうそう》郡丹原《たんばら》町）出身だ。佐伯が師と仰ぐ種田虎雄《おいたとらお》は十河の親友だ。

佐伯も豪腕の人だ。十河に「使わないなら、利用させてください。もし、国鉄で使いたいときは、『同じ橋』を作って返します」といった。十河が「そんなに言うなら」と折れたのだ。

◆伊勢湾台風を利用して広軌ゲージ化

昭和34年（１９５９）9月、伊勢湾台風が東海地方を襲った。前述の長良川鉄橋の工事を着工しようとした翌日だ。

近鉄の佐伯勇は、不通になった線路を見て、こう思った。「復旧工事といっしょにゲージの統一もやってしまおう」と。

多くの重役が頭を抱える中、佐伯はこの苦境を利用して、打ってでようとした。なんと当時の被害総額、25億円、７００人の従業員がチリチリバラバラ。重役たちが消極的になるのも無理はない。

しかし、佐伯は全線の広軌ゲージ統一の工事をやってしまおうとした。線路の工事は、車両を止めなければできない。しかも、車両のほうを交換しないといけない。

そこで、佐伯は専門家の調査、研究、意見を十分に聞いて、ゴーサインをだした。

（参考『佐伯勇の生涯』神崎宣武／河出書房新社）

◆佐伯は近鉄バッファローズのオーナーだ

近鉄はバッファローズの運営もした。残念ながら近鉄バッファローズは２００４年に消滅した。

西条市丹原町に佐伯記念館・郷土資料館がある。

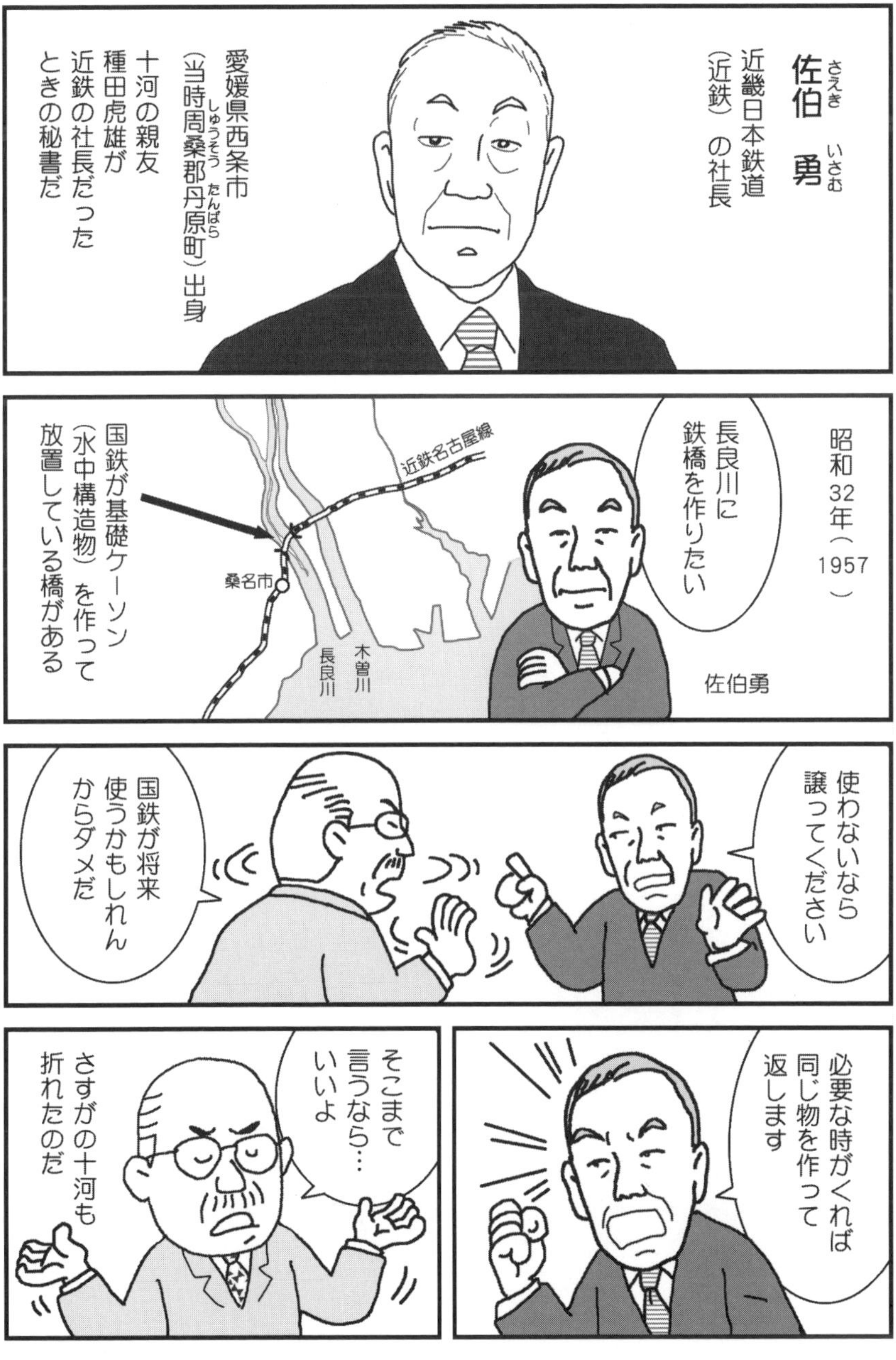
佐伯《さえき》 勇《いさむ》
近畿日本鉄道（近鉄）の社長
愛媛県西条市（当時周桑《しゅうそう》郡丹原《たんばら》町）出身
十河の親友種田虎雄が近鉄の社長だったときの秘書だ
昭和32年（1957）
長良川に鉄橋を作りたい
佐伯勇
近鉄名古屋線
桑名市
木曽川
長良川
国鉄が基礎ケーソン（水中構造物）を作って放置している橋がある
使わないなら譲ってください
国鉄が将来使うかもしれんからダメだ
必要な時がくれば同じ物を作って返します
そこまで言うなら…いいよ
さすがの十河も折れたのだ

8-10 もっとも忙しい時期、妻のご飯を作り続けた

寝るときは妻と赤いヒモで結んだ

◆ほんとは優しい人

昭和31年（1956）、妻のキクが突然たおれた。家族みんながクリスマスをするために集まった晩だ。心臓病の発作だった。キクはそれから2年間、療養生活を送った。十河にとって正念場といえる大切な時だ。

新幹線の調査会で、いちばん微妙な時期だった。十河はもともと、十河は夜遅くまで仕事と勉強をする。十河が寝るまでキクは寝なかった。帰りが遅くなっても、起きて待っている。帰ってくると、かならず玄関まで出迎えた。出迎えが遅いと、十河は、靴のまま上がってきた。その暴君・十河が今度はキクの世話を始めた。十河の、キクの看病ぶりは凄かった。

◆多忙の中でもキクの食事を作る

気が短い十河が丹念にキクの世話をしたことに、周囲は驚いた。キクの食事はほとんど十河が作った。

キクのベッドの脇に小さなテーブルを用意して、いっしょに食事をしたという。

「キクは幸せな人だ」と皆が思った。夜、寝るときはキクのベッドのわきに、十河が布団をしいた。発作が起きたら大変だ。キクの指と十河の指に赤いヒモを結ぶ。十河は「なんかあったら、ヒモを引っぱりなさい」と言った。

十河が遅くなったとき娘が手伝おうとすると、「今、おじいちゃんが帰ってしてくれるから」と、キクは娘の手伝いを拒んだそうだ。

（参考「母—そのひろき愛に」加賀山由子《みちこ》『別冊十河信二』）

◆キクの死

新幹線の調査会で最も忙しい昭和31年～33年（1956～1958）ごろ、十河は毎日キクの世話をしていた。しかし、国鉄ではいっさいその話はしない。うちでも、国鉄の話はしない。キクはもっとも十河を理解していたという。

昭和33年（1958）7月23日午前2時半、キクは十河の手を握りしめながら亡くなった。享年71歳。青山斎場で葬式が行われた。

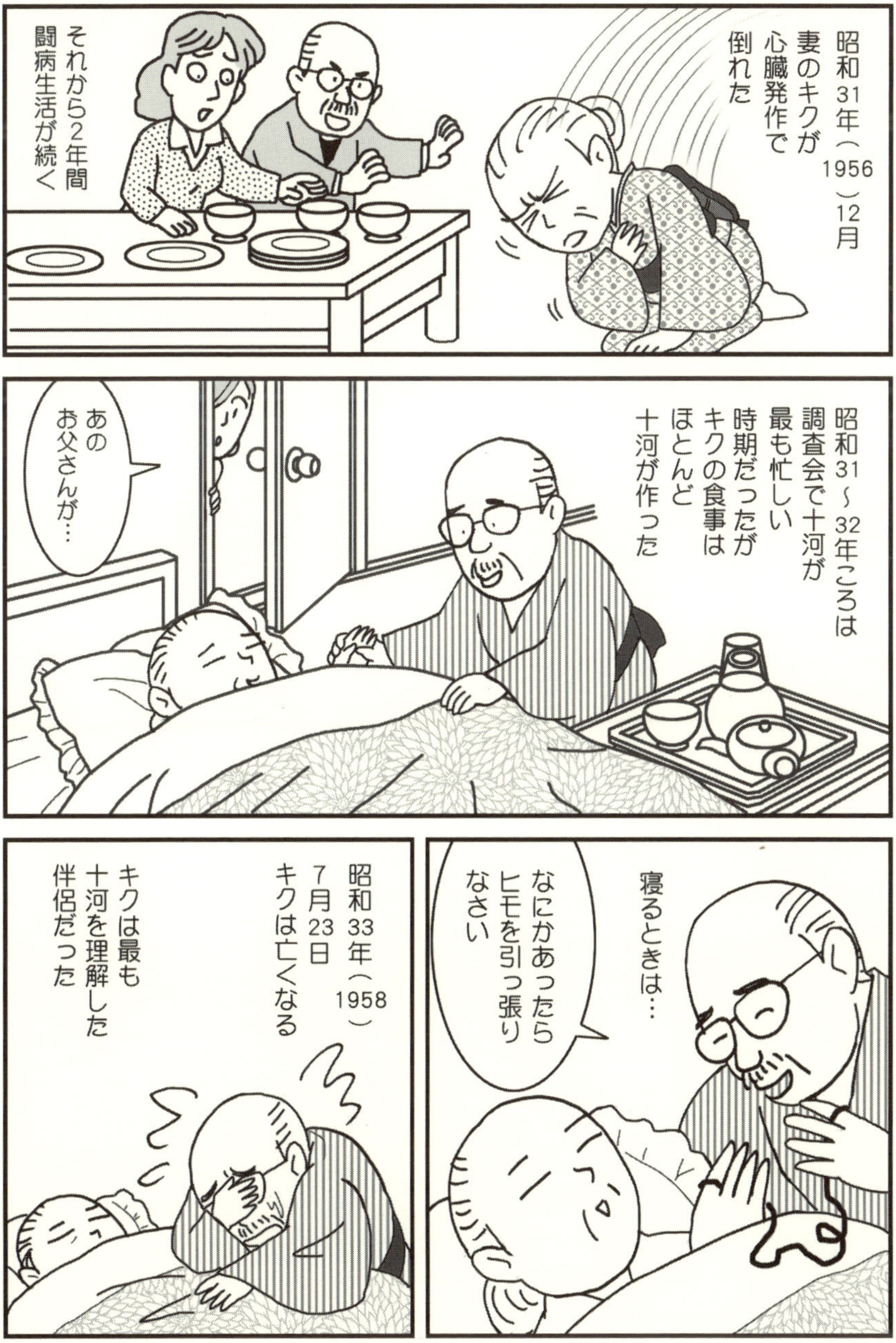
昭和31年（1956）12月
妻のキクが
心臓発作で
倒れた
それから2年間
闘病生活が続く
昭和31～32年ころは
調査会で十河が
最も忙しい
時期だったが
キクの食事は
ほとんど
十河が作った
あの
お父さんが…
寝るときは…
なにかあったら
ヒモを引っ張り
なさい
昭和33年（1958）
7月23日
キクは亡くなる
キクは最も
十河を理解した
伴侶だった

第9章 新幹線

新幹線開通。テープカットはできず

世界銀行との調印式（右端が十河77歳　1961年5月2日）

お別れパーティーで全国から
集まった500人の職員に見送られる
（79歳　1963年5月31日）

新丹那トンネル熱海口で新幹線起工式
（75歳　1959年4月20日）

埼玉県川口市の日本車輌工場で発表された東海道新幹線、夢の超特急の試作車両
（1962年4月25日、共同通信社提供）

新幹線試作車両の運転席で

国会を通すため予算を大きく削った。「必ず国民のため国鉄のためになる」十河の信念だった。島秀雄は設備を最低限に抑え、将来改良できる余地を残した。新幹線は走り始めた。携わってきた人の知恵と心を乗せて。

9-1

世界銀行から借金をすることを決める

これで内閣が変わっても事業を継続できる

◆香典はもらわない

キクの葬式に3000人以上が参列した。十河は香典や花を一切もらわなかった。広軌新幹線建設の大事な時だ。いま金をもらうと、賄賂と思われる。関東大震災のときの「えん罪事件」で懲りていた。「借金しても葬儀は自費でやる」と言った。世間は「十河信二は何者だ」と驚き、十河は名をあげた。

◆世界銀行から借りよう

新幹線は金が足りない。当時の蔵相・佐藤栄作が「世界銀行」から金を借りるというアイデアをだした。佐藤は「新幹線はひとつの内閣でできるものじゃない。内閣が変わっても建設が続けられるよう、外から縛りをかける必要がある」と言って、世界銀行からの借金を考えた。

岸信介《きしのぶすけ》内閣のあと、池田勇人、佐藤栄作内閣になる。そのとき、東海道新幹線が完成した。

世界銀行の正式名称は「国際復興開発銀行」だ。戦災国の復興に金を貸す。技術的にすでに証明ずみのものが中心だ。しかし、新幹線は「戦災の復興と関係ない」し、「技術的にすでに証明ずみ」でもない。

◆世界銀行からの借金が決まる

十河は早速、世界銀行に連絡した。世界銀行の副総裁ローゼンは「世界銀行は低開発国に支援するところで、日本は無理だ」と言った。十河とローゼンは何度も会談した。

ローゼンは「日本に新幹線を作るような技術はない」と言った。そこで、島技師長がローゼンを国鉄技研に案内して説明した。そうやって了解するまで持っていった。

十河が、佐藤の側近で国鉄経理担当の常務理事・兼松學と世界銀行に調印に向かった。世界銀行はワシントンにある。国鉄は世界銀行に2億ドル（720億円）を要求した。しかし、あまりに高いので、8000万ドルに削られた。

返済は、新幹線開業直後から始まった。低利のうえに昭和48年（1973）からは円高が進んで、国鉄はずいぶん得をした。十河が没する5カ月前、返済は無事に完了した。

世界銀行から資金を借りましょう
大蔵大臣 佐藤栄作

世界銀行
（国際復興開発銀行）
戦災国と発展途上国の開発のために融資する銀行
副総裁 ローゼン
日本は先進国だから貸せない
斜陽産業の鉄道を作るなんて後進国のやることだ だから融資して欲しい
変な理屈だ

昭和36年（1961）正式に世界銀行からの融資が決まった
8000万ドル
（288億円）

5月2日 ワシントンで調印式が行われた

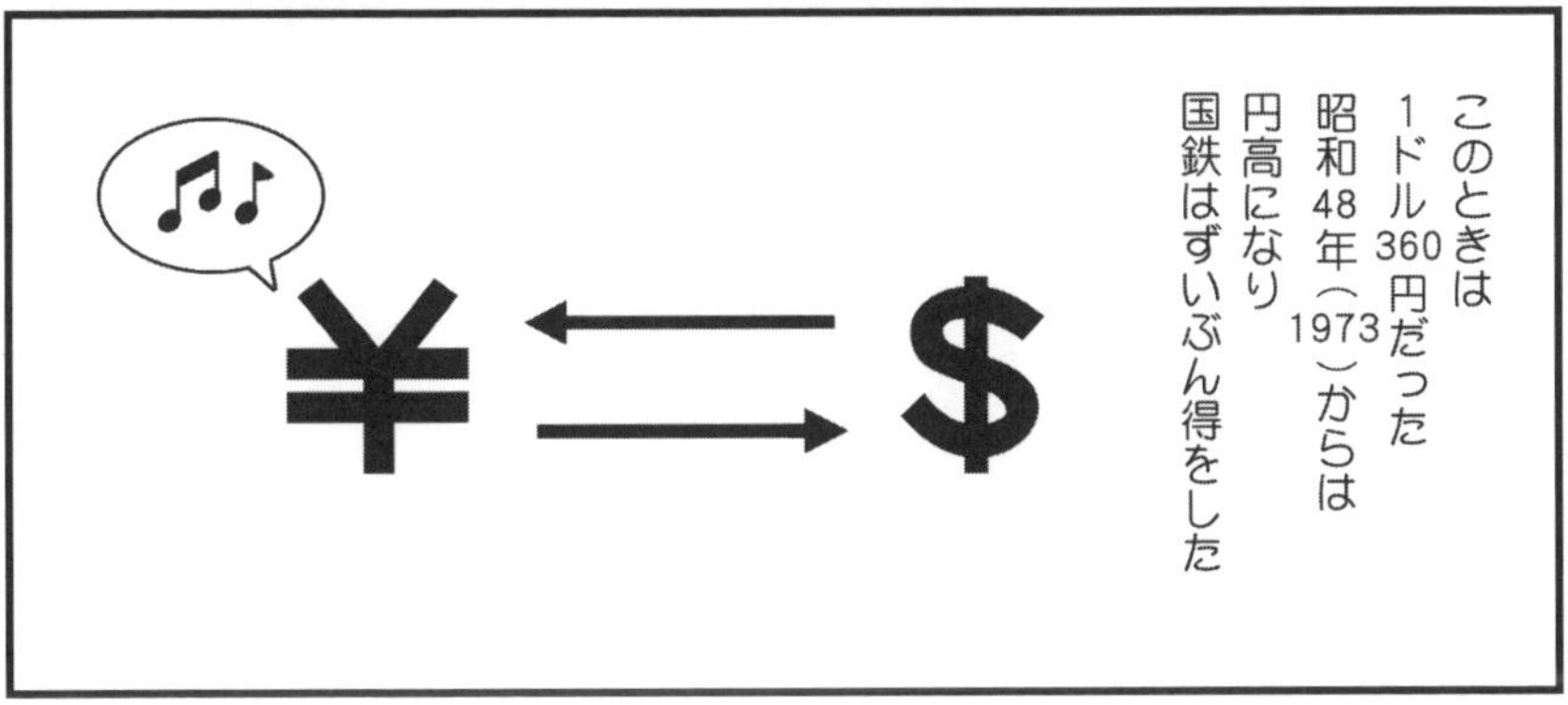
このときは1ドル360円だった
昭和48年（1973）からは円高になり
国鉄はずいぶん得をした

9-2

起工式の鍬《くわ》の先っぽが飛んでった

大野伴睦《おおのばんぼく》が「岐阜羽島《ぎふはじま》」を作る

◆新丹那《しんたんな》トンネルの起工式

昭和34年（1959）4月、東海道線新幹線が着工された。新丹那トンネル熱海口で、起工式が行われた。「鍬《くわ》入れの儀」は十河が行った。

起工式はふつうカッコだけ軽く鍬を振り下ろす。しかし、十河の起工式は力いっぱいだった。十河が大上段に振り上げた鍬は気合と共に3度、砂山に打ち下ろされ、3度目に鍬の頭がすっぽ抜け、観客の前に転がった。

戦時中、弾丸鉄道を作るため、新丹那トンネルは西口を1400メートル、東口を650メートル掘り進んだところで敗戦になった。新丹那トンネルは、本当は起工ではなく「工事再開」だった。

◆総裁再任は大逆転だった

着工前、新聞や週刊誌で十河の「総裁解任」が取りざたされた。運輸相・永野護《ながのまもる》は更迭を公言し、副総裁・小倉俊夫の昇格が大方の見方だった。

しかし、4月12日「政府は十河解任」の記事が出ると、朝日、毎日、読売各紙が十河を支持するコラムを掲載。国鉄の技術者たちが再任要求を持って蔵相・佐藤栄作に陳情。財界も支持をした。

吉田茂から十河を留任するよう、佐藤に電話が入ったのは、15日ころ。佐藤は十河再任を腹に決めた。22日永野は辞表を提出。5月12日閣議で十河の再任が決定した。

◆妥協の産物「岐阜羽島」を作る

弾丸鉄道のときも、名古屋～大阪間については、鈴鹿《すずか》越え最短ルートと大回り米原ルートで迷った。

鈴鹿を通るにはトンネルを掘らなければならならず、5年で掘るのは難しい。米原ルートの工事は簡単だが、岐阜市や大垣市を通らないので、岐阜県が用地買収に反対した。

そこで、自民党の大物・大野伴睦に頼むことにした。岐阜1区の大野伴睦は十河と仲がいい。大野は地元を説得した。結果、「岐阜に1つ駅を作ってくれれば、地元を納得させる」という。そこで、「岐阜羽島」という駅を作った。雪害対策も考えられていた。

昭和34年（1959）4月
新丹那トンネルで
新幹線着工の
起工式が開かれた
えいっ
力がはいり過ぎて
鍬の頭が飛んだ
昭和34年5月19日で
十河の1期目の
任期は終わる
十河さんの
再選はない
副総裁の
小倉さんが
昇格する
らしい
マスコミがいっせいに
十河を支持した
自民党は
いいなりになる
人物を総裁に
したいのだ
せっかく新幹線が
決まったのに
政治のじゃまが
はいったら困る
十河さんに
続けて
もらいたい
国鉄
技師たち
大逆転で十河の
再選が決まった

9-3

新幹線の試験走行。実験線に十河が試乗する

関ヶ原の雪を計算に入れてなかった

◆新しい技術は使わない

昭和39年（1964）、新幹線ができた。どうして、こんなに早くできたのか？　島秀雄の考えでは無理はせず、今ある技術を組み合わせれば、広軌で200キロ出せる車体は作れるのだ。

日本は狭軌で技術開発を重ねてきた。ロマンスカーやビジネス特急こだまなど、プロトタイプをたくさん作っている。新幹線は新しい技術は使わない。実証ずみの技術だけを使う。ただ、今まで、200キロで運転したことはなかった。新幹線は、踏切とか信号がない。信号は車内にある。駅の状況やほかの車両に接近すると、強制的に減速する。自動列車制御装置（ATC）だ。

◆実験線に十河も試乗した

いよいよ、試験走行だ。4月、鴨宮《かものみや》にモデル地区をつくって新幹線が初めて走ることとなった。

今の新横浜～小田原間だ。6月には、試験車両に十河が乗った。運転席に乗った十河は、ウキウキしていたという。後藤新平以来の夢がもうすぐ叶うのだ。

試験走行で、新幹線は世界最速の256キロを出した。多くのデータが集められた。しかし見落としたことも多かった。たとえば、関ヶ原の雪害だ。新幹線は雪に弱かった。実験走行は横浜で、雪を計算に入れてなかったのだ。

ところが、完成に近づくと、雪の日の走行がかなり困難だとわかった。200キロで走ると、ふつうの雪でも、まるで嵐の中を走っているようになるのだ。

（参考『新幹線をつくった男―島秀雄物語』高橋団吉）

◆オリンピックに間に合わせろ

「オリンピックに間に合わせろ」と十河が言う。

昭和34年（1959）の起工式から、わずか5年後のオリンピックまでに作ろうという、無謀な計画だ。

十河のところに東急の総帥の五島慶太《ごとうけいた》が訪ねて来た。「伊東～下田間に鉄道を敷いてくれ。伊豆の開発は東急がやる」と言う。十河は「けしからん。国の金で東急が儲けるつもりか」と、大物の五島慶太を叱り飛ばした。

島のモットーは
理想は高く
実施は慎重に
新幹線は
すでにある技術を
ふくらませた
だけです
全軸駆動
ATC（自動列車制御装置）
自動的にブレーキ制御を行う
CTC（列車集中制御装置）
列車を遠隔制御するシステム
ロングレール
空気バネ

試作車1000形 B編成
新幹線は試験運転で
時速256キロを出した
B-021

オリンピックに
間に合わせろ
昭和39年（1964）10月
東京オリンピックが
開催される
新幹線は昭和34年の
起工式からわずか5年で
建設された

9-4

十河おろしが始まった

官僚あがりの政治家に評判が悪かった

◆田中角栄は十河を守ると言う

田中角栄は「官僚派の議員どもが十河おろしを計画していることは知っている。そんなことをやられたら、佐藤栄作内閣に傷がつく。拙者が一人で防ぐ。十河さんに新幹線のテープを切ってもらおうじゃないか」と言った。

十河は政界に評判が良くなかった。国鉄官僚出身の政治家は特に困っていた。間違ったことをすれば、十河のカミナリだ。だいぶ前から、国会で十河の悪口が流されていた。

◆予算が足りないのがバレた

新幹線建設でもう850億足りなくなってきた。昭和38年（1963）2月の国会で、修正予算を通したばかりだった。

島は「土木は大づかみで計算しているので、多少のリスクがある」と説明した。新幹線は相当額の追加が出ることはみんなわかっていた。丹那《たんな》トンネルは予算の3倍、工期は2倍半かかった。確かな予算を出せるはずがない。

◆三河島《みかわしま》駅の大事故で引責辞任？

新幹線に試乗する直前、大事故が起きた。昭和37年（1962）5月3日。常磐線三河島駅構内の、2重衝突事故だ。

貨物列車が過走して、機関車と貨車1両が脱線し本線をふさいだ。そこに電車が追突した。その追突した電車がまた脱線して、別の車両が激突した。要するに、脱線と追突を繰り返した。死者が160人、重軽傷325人の大事故になった。

十河は休日だったので館山に行っていた。しかし、国鉄本社にもどり翌日早朝、現場に向かった。

十河は事故にあった家族を一軒一軒たずね、たたみに頭をすりつけて涙を流して謝った。中には「国鉄が殺した。ばかやろう」と罵声を浴びせる家もあったが、多くの家族に十河の誠意が伝わった。一方、政府・国会・国鉄の中から「引責辞任」を求める声が出て来た。それに対し、被災した家族から「留任」の声が上がった。こんなことは初めてだった。

三河島事故
昭和37年（1962）5月3日
常磐線三河島駅構内で列車が過走し多重衝突した
死者160人
重軽傷者325人
十河は事故にあった家族を一軒一軒訪ねて謝った
国鉄が殺した
責任をとってやめろ
被災家族から留任の声が上がる
清廉な十河さんに補償問題を頼みたい
三河島事故の責任を痛感しています
責任を果たすために現職にとどまります

9-5

十河の3選ならず、辞任が決まる

島技師長もいっしょに辞表を出した

◆辞任が決まった

2期目の任期は昭和38年（1963）5月19日までだった。十河は「政府の命令があればいつでも辞める」といっていた。十河にいられると利権目当ての官僚や政治家などは困る。十河は「オレは5千円あれば食える」と言う。給料も5万円しかもらわない。そんな十河にいられたらやりにくい。

国鉄の中で十河を支持する人たちは、十河に名誉総裁として、任期後も留まってもらい、新幹線のテープを切ってもらいたかった。

前述したように、三河島の事故と大幅な赤字が命取りになった。3選はなかった。

潮時だ。松下幸之助が「国鉄総裁なんて大石内蔵助みたいなもんや。宿願果たしたら、切腹や」と評した。

◆島技師長も十河といっしょに辞表を出す

十河としても、新幹線はほぼ9割できあがっていて、もう自分がいなくても大丈夫だと思った。もともと名誉を求めていなかった。次期総裁は、財界の石田禮助《れいすけ》に決まった。経団連会長石坂泰三に口説かれたという。

十河が任期をまっとうして、辞任するとともに島秀雄も辞表を出した。官僚が十河追い出しを画策した狙いは、島追い出しにもあった。技師長も交代になった。

新総裁の石田は新幹線の事故を怖れていた。安全だと言われても信用できない。「僕は新幹線は嫌いなんだ。こんな危険なものを預けられて迷惑している」

◆大送別会が開かれた

昭和38年（1963）5月31日。東京ステーションホテルの宴会場で、ヒラ社員たちが発起人になって、大送別会が開かれた。十河は、ヒラ職員に人気があった。250名の定員のところ500名の参加者があった。

花束や記念品の山は数えきれない。圧倒的な賛辞の声が、贈られた。辞めるときまで惜しまれた人は珍しい。

（参考「大送別会」青木槐三《かいぞう》『別冊十河信二』）

総裁第2期の任期は昭和38年（1963）5月19日までだった
当然退陣
我田引鉄を期待する政治家
十河さんに残られたらやりにくいよ
昭和38年2月国会答弁
新幹線は2926億円で完成できる
予算増加はこれ以上ない
きっぱり
ところが800億円の不足が発覚した予算不足の責任をとって十河の再選はなくなった
私がいなくても新幹線はもう大丈夫だ
私も辞めます
5月31日大送別会が開かれた集まったのはヒラ社員ばっかりだ十河は現場の人に愛された
オレたちがついてる
これからもガンバレ
長生きしろよ

9-6

老兵の消えてあとなき夏野かな

辞任の記者会見で一句詠む

◆老兵は消えいく

昭和38年（1963）5月17日、辞任の記者会見。十河がここで一句詠んだ。

「老兵の消えてあとなき夏野かな」と詠んだ。「う～ん。ちょっと寂しすぎるかな」と、もう一句。「二万キロ　鉄路づたいに春の雷」と言う。これは以前に詠んだ句だ。春の雷と同じように、十河の怒号は声が大きいが実害がないので、俳号「春雷子」と名乗った。

記者会見の十河は、少しやつれている。これは、1カ月ほど前、風邪をひき、アレルギーもあって病み上がりだったからだ。カニとエビのアレルギーで、エビセンを食べてアレルギーを起こしたほどだ。退陣のウワサが出たとき、じつはかなり弱っていた。3選して4年総裁を続けるのは到底無理だった。

しかし、10月の新幹線開業まであと5カ月。せめてテープカットまでは、残ってもらいたい、という声もあった。十河は「新幹線はもう自分がいなくても大丈夫だ」と言って、去って行った。

◆試運転に試乗をする

新幹線は、8月に営業ダイヤで試運転をした。東京～大阪間で試乗をする。十河も招かれた。感想を求められると、「遠足に行く小学生みたい」とぽつりと言った。その後、新聞記者は石田禮助新総裁に集まり、十河に感想を求める記者は、ほとんどなかった。

十河はぼんやり窓の外を眺めていたという。

◆社会に害毒を流す3悪がある

十河は「社会に害毒を流す悪がある。政治家、新聞記者、労働組合だ」と言っていた。政治家には特に厳しい。新聞記者には記者クラブを作って、広報体制を確立した。週1回、記者会見を開く。これは十河が始めたことだ。

労働組合には甘かった。労働運動が甘いと、十河が「オレを社会党に入れたら、手ごわいぞ」と変なジョークを言ったそうだ。

（参考「胸刺された別れの句」高橋久雄『別冊十河信二』）

5月17日辞任の記者会見で一句詠んだ
老兵の消えてあとなき夏野かな
ちょっと寂しすぎるかな
3カ月後の8月試乗運転に招かれた
遠足に行く小学生みたいだねえ
新総裁・石田禮助
わい
わい
十河に質問する記者はほとんどいなかった
ぽつん

9-7

新幹線開通のテープカットはできず

島秀雄の姿もなかった

◆新幹線が開通した

昭和39年（1964）、10月1日。午前5時59分。ついに新幹線が開通した。東京駅9番ホーム。東京都知事、大阪府知事を招き、国鉄総裁のテープカットが行われた。ひかり1号がスタート。しかしここに、最大の功労者の十河信二と島秀雄の姿は、なかった。島はまだ任期が残っていたが、十河に殉じる気持ちだった。

2人ともやるべきことをやった思いだ。島は「赤字の責任なら、十河さんより自分にある」と言っていた。

◆名称は「ひかり号」となる

少し前、新幹線の名称の一般募集があった。59万通の応募が届き、「ひかり」に決まった

応募作には「そごう号」というのがたくさんあったという。十河は一般の人にも人気があった。

最初は安定しない区間は徐行して、4時間で走った。11月のダイヤ改正では、210キロで走って、3時間10分で走るようになる。

東海道新幹線では、未だに乗客の人身事故を起こしていない。十河は「無事に走ってくれればそれでいいんだよ」と言った。

◆島さんがもらうまで、オレはもらわん

数年経ったとき、「十河を文化功労者として顕彰しないか」という話が持ち上がった。十河は「賞をあげるなら、島君にあげてくれ。島君が顕彰されないうちは、オレはもらわない」と言った。

昭和46年（1971）、島秀雄が文化功労者として顕彰されることになった。

島秀雄は最初から航空機や自動車の発展を計算に入れている。新幹線を経済的でフレキシブルな乗り物にして、共存をはかった。島は航空機や自動車まで広い知識を持っていたのだ。十河は「自分は技術のことはわからないから」と言って、いつも島を立てたという。

（参考「ひかり号の道──十河さんとともに八年」島秀雄『別冊十河信二』）

昭和39年（1964）
10月1日
午前5時59分
ついに新幹線が
開通した

そこに最大の功労者
十河信二と島秀雄の
姿はなかった

名前は「ひかり」になった
夢の超特急「ひかり」だ
東京～大阪を4時間で結んだ
最高速度は210キロだ

9-8

45万鉄道職員にお礼行脚《あんぎゃ》がしたい

腰骨を折って鉄道病院に入院した

◆西条市の初の名誉市民になる

新幹線開通後、昭和39年（１９６４）に勲一等瑞宝章をもらっている。このとき、愛媛県から「県民章」も貰っている。県民章受賞のため、松山に行った。県民章は3人目だった。昭和44年（１９６９）には西条市の名誉市民になった。これは第1号だ。昔の人は国の大げさな賞より「郷土の賞」を喜んだ。故郷に錦を飾ったのだ。

十河の夢は「諸国行脚」だ。「45万人の国鉄職員一人ひとりにお礼を言いたい」と思っていた。

◆鉄道病院に入院する

西条中学（現・西条高校）の同窓会は道前会という。十河は東京道前会の初代会長になった。昭和53年、腰の骨を折って、鉄道病院に入院するまで、毎年、東京道前会の総会に出席している。病院に後輩が訪ねていくと、手を取って、「道前会を頼んだよ」と言った。西条学舎は東予育英会として再スタートした。

（参考「先生への報告」堀武定『別冊十河信二』）

◆アポロ計画と新幹線

アポロ計画のあと、日本も宇宙開発をしようと宇宙開発事業団ができた。佐藤栄作の推薦で島秀雄が初代理事長になった。初め島は「宇宙には詳しくないから」と断ったが、「ロケット開発に無縁な中立的な人を」と佐藤に推された。

ソニーの井深大《いぶかまさる》は経済同友会で技術開発を研究。成功例として、アポロ計画と新幹線を選んだ。そのため、島や十河にヒアリングをした。

十河は、島を獲得するのに大阪まで通ったこと。広軌新幹線建設で政治家を説得し回ったこと。工事費３０００億円で国会を通すために１９００億円まで削減したこと。技研の講演会を通して国民に宣伝したこと。委員会で口やかましい人達を洗脳したこと。世界銀行から借金したこと。2時間半にわたって熱く語った。

井深はそこから「説得工学」という言葉を編みだした。あの意気ごみを持ってやれば、たいていの困難は乗り越えられる。井深は「十河なくして新幹線はない」と確信した。

（参考「新幹線は十河さんなしにあり得なかった」井深大『別冊十河信二』）

昭和44年（1969）
西条市の第1号名誉市民になる
85歳
西条高校同窓会・東京道前会の初代会長になる
総会には毎年顔を出した
道前会を頼んだよ
十河は後輩のめんどうをよくみた
東京道前會
愛媛県立西条中学校
愛媛県立西条高等女学校
愛媛県立西条高等学校
昭和44年（1969）
島は宇宙開発事業団の初代理事長になった

9-9

97歳で大往生する ときどき呼吸が止まるのでみんながハラハラ

◆不整脈でみんなをハラハラさせた

十河は「異常体質」で、東大から「学用患者になってほしい」と言われた。中国時代は天津《てんしん》や青島《ちんたお》まで東大から診療に来たものだ。

脈拍は不整脈で、「脈が飛ぶ」と言われる。そのため、カルテを持参して旅行した。さらに睡眠時無呼吸症候群だ。寝ているとき、イビキがパッと止まることがある。まわりの人間は「先生は死ぬんじゃないか」と、ハラハラしたが、またスヤスヤ寝るので、安心したそうだ。秘書の鎌田太郎は心配で一晩中寝られなかったという。

また、すごい汗かきで、寝るとシーツがぐっしょりだったそうだ。

十河は寝返りを打たない。そのため、朝起きると、十河の体のあとがクッキリついていたという。医者からは「寝返りを打ったほうがいい」と言われた。

◆アレルギーでも出されると食べた

前にも書いたが、十河はエビ、カニ、ホウレン草に弱いアレルギーだ。

主治医も「食事では出さないように」と病院へ知らせた。「出しても、本人が食べなければいいでしょ」と言われることもあった。だが、十河は「出されれば食べる」のだから困った。食べるとジンマシンが出る。

好物の卵、サツマイモ、サバ寿司などはよく食べた。死の直前、その食欲が落ちた。

◆十河信二、死す

十河信二は、昭和56年（1981）、10月3日。肺炎のため、鉄道病院で亡くなった。97歳6カ月だった。解剖すると、ガンが6つもあった。

青山葬儀所で告別式が行われた。戒名は「英秀院殿本法日信大居士」。

遺影と戒名が新幹線で故郷愛媛まで運ばれた。新幹線が停車するたびに、どの駅でも、駅長以下職員が深々と頭を下げて、見送りをした。墓所は東京杉並区の理性寺《りしょうじ》にある。

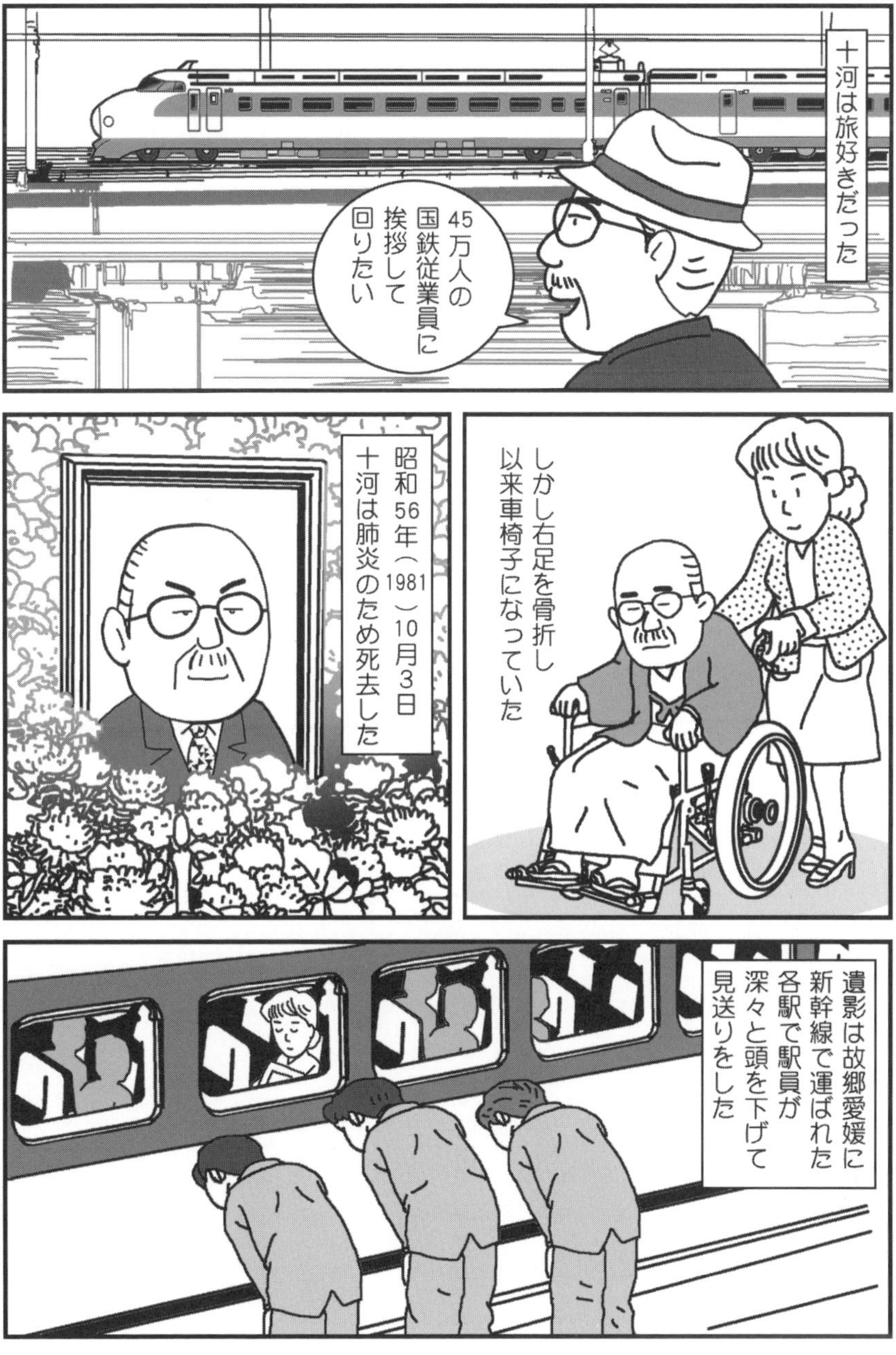
十河は旅好きだった
45万人の国鉄従業員に挨拶して回りたい
しかし右足を骨折し以来車椅子になっていた
昭和56年（1981）10月3日十河は肺炎のため死去した
遺影は故郷愛媛に新幹線で運ばれた各駅で駅員が深々と頭を下げて見送りをした

9-10

心血を注いだ国鉄総裁の8年

十河がいなければ新幹線はできなかった

◆十河の偉業…三本の柱

十河は総裁になって、「職員の志気を作興しなければならない」と幹部に語った。そこで三本の柱、技術研究所・教育機関・医療機関の充実に力を注いだ。

一つ目の柱・鉄道技術研究所に、戦後、陸海軍から有能な技術者が国鉄に入ってきた。浜松町にあった研究所は手狭になった。島と相談し、国立《くにたち》への移転を決定。工事費は約15億円。新幹線を支える技術力がここで磨かれた。

二つ目の柱・中央鉄道学園は戦中、安い値で国鉄が買わされたものだ。新規採用の教育、職員の再教育、経営教育などを行い、大学過程などを設置して充実させた。

三つ目の柱・鉄道病院は「はっきりさせずに退陣してしまった」と惜しがったそうだ。ストックホルムの病院を視察して、「景色のいい空気の澄んだところに建てる」というのが、口癖だった。新宿の鉄道病院の移設を描いていた。

◆昭和30年代は「夢の超特急」だった

昭和30年代、鉄道は斜陽産業と言われていた。当時の国鉄は労組問題をかかえ、経営難で新幹線どころではなかった。

十河信二がいなかったら、日本で新幹線が作られることはなかっただろう。どこかの国の技術を輸入して、後塵を拝していたかもしれない。新幹線はまさに、十河の達見と島の技術への感性がつくりあげた芸術品なのだ。

新幹線の成功に触発され、諸外国でも長距離高速列車が、日本に見倣って次々と開発された。アメリカのメトロライナー、フランスのTGV、ドイツのICE、イギリスのHSTなどだ。

今、大阪~東京はのぞみで2時間半で行ける。新幹線のない生活は考えられない。青森から鹿児島まで、路線は拡大し、まさに日本列島の大動脈となった。新幹線は日本の高度成長を牽引してきたと言えるだろう。

新幹線の成功は世界の鉄道も復活させた。十河信二は新幹線で鉄道の新時代を切り拓いたのだ。

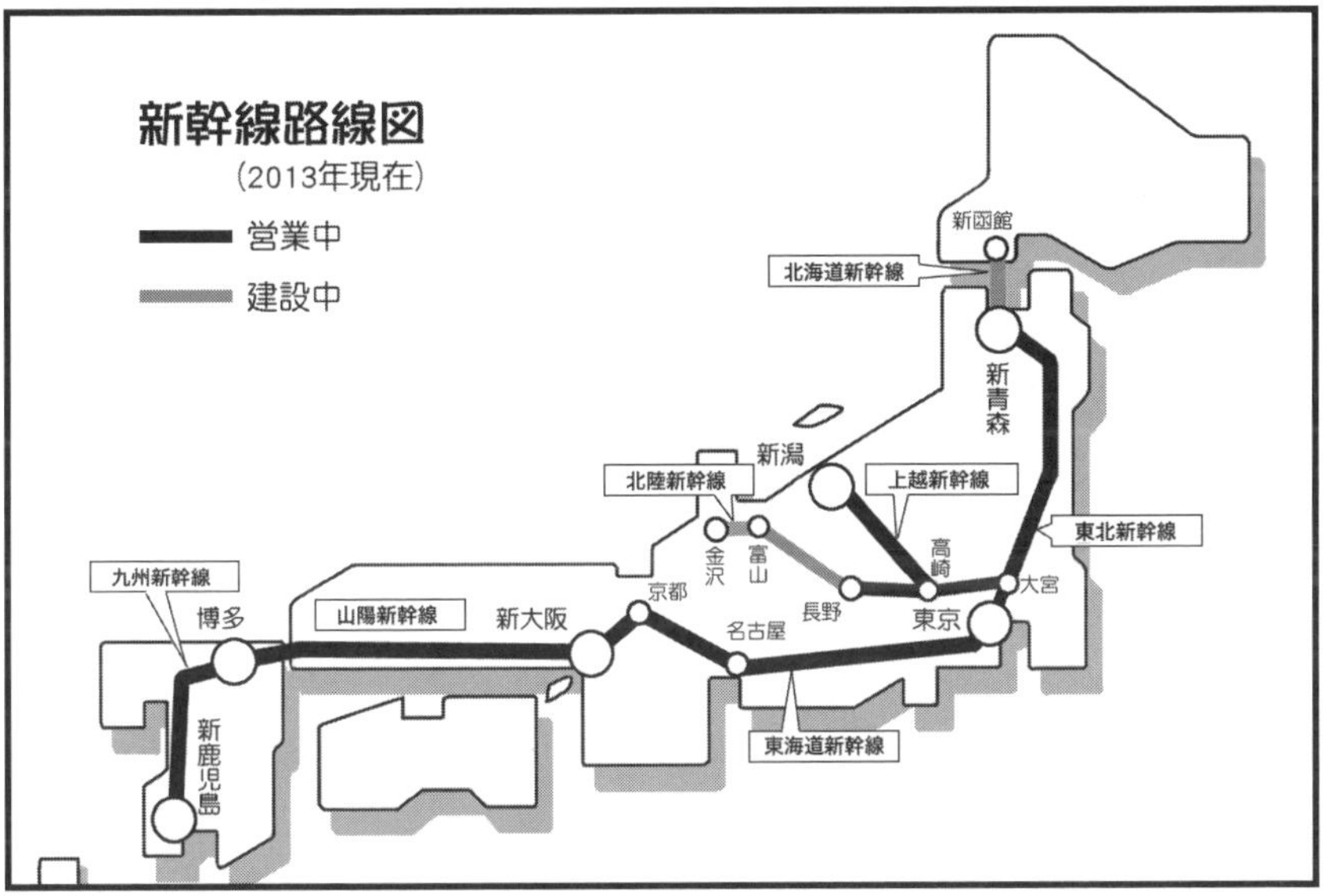
新幹線路線図
(2013年現在)
営業中
建設中
新函館
北海道新幹線
新青森
新潟
上越新幹線
北陸新幹線
金沢
富山
高崎
東北新幹線
大宮
九州新幹線
博多
山陽新幹線
新大阪
京都
長野
東京
名古屋
新鹿児島
東海道新幹線

新幹線は日本列島の大動脈となり
日本経済を牽引している
新幹線の成功に触発され
海外でも高速列車が開発された
アメリカ／メトロライナー
フランス／TGV
ドイツ／ICE
十河信二がいなければ
新幹線は生まれ
なかっただろう
十河はまさに
「新幹線の生みの親」
なのだ

『夢の超特急ひかり号が走った—十河信二伝—』刊行によせて

原　朗《あきら》　東京大学名誉教授

私は長年にわたり、戦時経済史研究を専門として研究しています。十河信二先生が東京大学社会科学研究所に寄贈してくださいました資料を用いて、論文を書かせていただきました。

そのご縁で十河先生が西条市に寄贈された資料も拝見することになりました。その資料は大変価値があり、内容が豊かで、西条図書館に何回もお邪魔し、また、西条市のシンポジウムで、十河先生と西条についてお話をさせていただきました。

私は、東大社研の資料と西条図書館の資料という、十河先生研究の資料の山に、二度も巡りあいました。これは、学者にとっては宝の山を二度発見したような大変な喜びです。

私は、十河先生に直接お目にかかったことはありませんが、長年、十河先生の資料とお付き合いするうちに、十河先生のお人柄が大好きになったので、敬愛の情を込めて、「十河さん」と呼ばせていただきます。

東大社研に埃をかぶって保管されていた資料は、日中戦争時の満鉄ならびに、十河さんが関わった満州経済調査会、興中公司の資料です。膨大な立案調査資料、引継調書など、たいへん価値があるものです。

それらを通して、日本の大陸での活動を分析することができます。また、十河さんが林銑十郎内閣組閣参謀になった顛末なども、研究することができました。

東大社研が資料を預かることになった経緯は、戦後十河さんの自宅が占領軍に接収されることになった際、邸にあった戦時中の満州の資料を大急ぎでどこかに移さなければならず、のちに東大総長になった矢内原忠雄《やないはらただお》さんが、東大の社会科学研究所の所長をしておられた関係で、資料をお預かりすることになったのです。

その資料を何十年かたって、私が再発見し、埃を払って研究している、ということになります。

一方、西条図書館が保管している資料は、国鉄総裁時代のものです。十河さんが国鉄総裁を退任され、総裁公館を引き払う時に整理された膨大な資料が、西条市に預けられました。

それが今、西条図書館にあるわけです。

国鉄常務会資料、幹線調査会資料、技師長室の書類などが、所蔵されております。国鉄の理事会や常務会がどんな事項を議論していたか、それがおおよそ全部わかるわけです。

十河さんが中心になって作り上げた東海道新幹線は、斜陽産業と呼ばれていた世界各国の鉄道に新時代をもたらすものとなりました。

外国でも東海道新幹線の成功に刺激されてアメリカ、フランス、ドイツ、イギリス、そしてスペイン、イタリアと次々に中長距離旅客輸送が動き出し、アジアでも台湾、韓国、中国と新幹線プロジェクトが花開きました。さらにはブラジルなどの新興国にも広がろうとしています。

この度、２０１４年の新幹線開業50周年を記念して、十河さんの物語をマンガと文で紹介する本が出版されることになりました。西条市のご縁で、私も協力させていただくことになった次第です。

実はまんがは個人的によく読みますし、大好きなので、楽しみにお引き受けいたしました。十河さんの業績とその熱く、大らかな人柄を、更に多くの人に知ってもらいたいと願っております。

鉄道と日本の歴史	年号	歳	十河信二の生涯
2月11日 大日本帝国憲法発布。7月1日 東海道線（新橋～神戸間）全通。片道20時間、下等料金3円76銭。	明治17（1884）年	0歳	**4月14日 父・十河鍋作、母・ソウの次男として、愛媛県新居郡中萩村（現・新居浜市中萩）に生まれる。**
8月1日 日清戦争宣戦布告。	明治22（1889）年	5歳	
4月17日 日清講和条約調印（下関条約）。	明治27（1894）年	10歳	
11月21日 関西鉄道、客車の塗色を等級別に。	明治28（1895）年	11歳	
6月7日 鉄道学校創立。	明治29（1896）年	12歳	4月1日 西条中学は松山中学の分校として西条に開校（東予分校）。
11月28日 帝国鉄道協会（現・日本交通協会）創立。	明治30（1897）年	13歳	東予分校に入学。
9月 上野・新橋構内に公衆電話機初設置。	明治31（1898）年	14歳	東予分校、仮校舎から現在地の西条藩陣屋跡に移転。
第一次日英同盟協約調印（日英同盟成立）。	明治33（1900）年	16歳	松山中学から独立、東予分校が西条中学となる。
2月10日 ロシアに宣戦布告、日露戦争始まる。	明治35（1902）年	18歳	**3月 西条中学卒業。9月 第一高等学校入学。**
ポーツマス条約調印。	明治37（1904）年	20歳	
鉄道国有法公布。私設鉄道国有化。南満州鉄道株式会社設立。	明治38（1905）年	21歳	**夏、第一高等学校卒業。9月 東京帝国大学法科大学政治学科へ入学。**
	明治39（1906）年	22歳	
鉄道院官制公布。総裁に後藤新平。	明治40（1907）年	23歳	春、19歳のキクと学生結婚をする。
10月26日 伊藤博文ハルビン駅で射殺される。	明治41（1908）年	24歳	10月4日 長男絋作生まれる。
10月4日 後藤総裁、広軌建築定規を仮定。	明治42（1909）年	25歳	**7月11日 東京帝国大学法科大学政治学科卒業。7月17日 鉄道院書記。11月2日 文官高等試験合格。**
	明治43（1910）年	26歳	4月1日 総裁官房勤務。4月30日 会計課勤務。6月12日 長女由子生まれる。9月10日「鉄道経済要論」アクウオス著を笠間杲雄氏と翻訳出版。12月28日 鉄道院副参事。

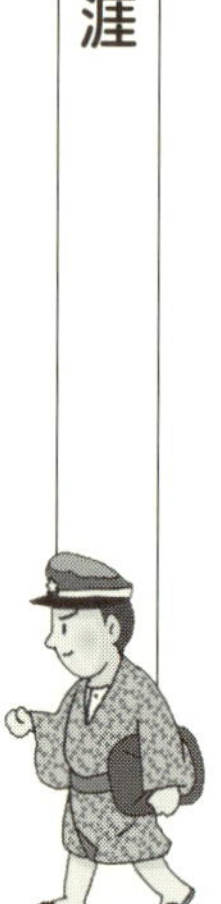

5月18日 鉄道院、常盤病院を麹町に開設。	明治44（1911）年	27歳	11月17日 休職。12月 一年間、志願兵として近衛歩兵第一連隊（主計）へ入営。
5月11日 横川～軽井沢間客貨列車の一部に電気機関車を使用（初の電気機関車使用）。	明治45（1912）年 大正元年	28歳	11月30日 満期除隊、復職。12月2日 会計課兼倉庫課勤務。12月25日 鉄道院参事。
	大正2（1913）年	29歳	5月5日 経理局勤務、中央倉庫兼務。春、西条学舎発足。
8月23日 ドイツに宣戦布告、第一次世界大戦参戦。	大正3（1914）年	30歳	12月8日 次男健二生まれる。12月14日 健二夭折。
都市近郊農村を結ぶ鉄道建設増。	大正4（1915）年	31歳	6月23日 官制改正。経理局会計課勤務。
10月 軌制調査会の強度広軌を採用、25年後完成案を立てたが内閣総辞職で解消される。	大正5（1916）年	32歳	4月18日 三男林三生まれる。12月27日 留学辞令。2カ月間準備のため休暇。
	大正6（1917）年	33歳	2月23日 米国留学に出発。
11月11日 ドイツ、連合国と休戦協定調印（第一次世界大戦終わる）。	大正7（1918）年	34歳	8月10日 米国より帰国。9月4日 経理局調度部庶務課長。10月8日 経理局調度部金属課長兼務。
2月 床次総裁、狭軌輸送力の可能性を言明。	大正8（1919）年	35歳	5月1日 文官改正により経理局購買第一課長。
5月15日 鉄道院が省に昇格。	大正9（1920）年	36歳	5月26日 兼任鉄道省参事官。9月7日 経理局会計課長。9日 父鍋作他界（72）。9月18日 四男和平生まれる。
6月21日 西条線、伊予土居～伊予西条開通。	大正10（1921）年	37歳	6月7日 経理局購買第三課（新設）課長兼務。
9月1日 関東大震災。	大正12（1923）年	39歳	9月29日 帝都復興院書記官。11月10日 兼任鉄道書記官。
	大正13（1924）年	40歳	2月25日 復興局部長、常任鉄道書記官、経理部長、経理部購買課長心得。 8月14日 鉄道省経理局長。
2月11日 全日本鉄道従業員組合を結成。 4月24日 入場券自動販売機（ドイツ製）を設置。	大正15（1926）年 昭和元年	42歳	1月26日 国会政府委員室から東京地方裁判所検事局に召喚される（刑事事件の容疑者として逮捕）。27日休職、29日 依願免本官。5月3日 保釈。 9月12日 次女恵子生まれる。この年、一家は小石川表町に転居。
12月30日 初の東京地下鉄線上野～浅草開通。	昭和2（1927）年	43歳	6月29日 東京地方裁判所の復興院疑獄で、懲役6ヶ月（執行猶予3年）追徴金1万2千2百円の有罪判決。

年	年齢	事項	社会の出来事
昭和3(1928)年	44歳	小石川表町から本郷弓町の青山胤通氏の持ち家に移る。	2月20日 第1回普通選挙。
昭和4(1929)年	45歳	4月24日 東京控訴院が無罪の判決を言い渡す。7月5日 五男新作生まれる。	9月 東京~下関特急に「富士」「桜」。初愛称名。
昭和5(1930)年	46歳	**7月11日 満鉄理事に就任。**	10月 特急燕号(東京~神戸8時間55分)運転。
昭和6(1931)年	47歳	5月9日 母ソウ他界(76)。11月1日 東北交通委員会の主席顧問となる。11月 腸チフスにかかる。	柳条湖事件(満州事変始まる)。
昭和7(1932)年	48歳	11月 満鉄経済調査会委員長になる。	
昭和9(1934)年	50歳	7月10日 任期満了により満鉄理事退任。	特急「燕」が東京~大阪間約500キロを8時間で走る。
昭和10(1935)年	51歳	8月2日 政府、興中公司設立を認可。12月20日 **興中公司設立、社長就任。** 資本金1千万円満鉄全額出資。	
昭和12(1937)年	53歳	1月29日 林内閣の組閣参謀長となる。	7月 盧溝橋事件。12月 日本軍南京を占領(南京事件)。
昭和13(1938)年	54歳	11月6日 興中公司社長辞任。	
昭和14(1939)年	55歳	長い大陸生活を終えて内地へ帰る。7月1日 帝国鉄道協会理事になる。	5月 ノモンハン事件。
昭和15(1940)年	56歳	7月24日 学生義勇軍会長となる。	9月 日独伊三国同盟調印。
昭和16(1941)年	57歳		12月8日 英米両国に宣戦布告。
昭和17(1942)年	58歳	長男給作戦死(34)。	6月 ミッドウェー海戦。
昭和19(1944)年	60歳	11月28日 帝国交通協会理事(帝国鉄道協会を改称)になる。	8月5日 最高戦争指導会議設置。
昭和20(1945)年	61歳	**7月3日 愛媛県西条市市長に就任。**	**8月15日 戦争終結の詔書を放送。**
昭和21(1946)年	62歳	4月8日 財団法人鉄道弘済会会長に就任。17日 西条市長辞任。5月 社団法人日本経済復興協会会長就任。	11月3日 日本国憲法公布。
昭和22(1947)年	63歳	11月28日 日本交通協会理事(帝国交通協会を改称)になる。	1月31日 マッカーサー、2・1ゼネストに中止命令。
昭和23(1948)年	64歳	4月15日 鉄道弘済会会長辞任。	5月29日 運輸省、国鉄復興5カ年計画を発表。

昭和24(1949)年	65歳		7月5日 下山事件発生。
昭和26(1951)年	67歳		4月24日 桜木町駅で大事故発生。
昭和30(1955)年	71歳	**5月20日 日本国有鉄道総裁に就任。**	5月11日 宇高連絡船「紫雲丸」と貨物船が衝突。
昭和31(1956)年	72歳	7月27日 静岡鉄道管理局管内を視察中、記者団に「東京～大阪間を広軌で4時間運転」について語る。	12月 日本が国連に加盟。
昭和33(1958)年	74歳	7月23日 妻キク他界(71)。	
昭和34(1959)年	75歳	5月20日 日本国有鉄道総裁に再任。	4月20日 新丹那トンネル熱海口で東海道広軌新幹線起工式。 10月16日 世界銀行極東部長ローゼン氏来日、国鉄1億ドルの鉄道借款を申し入れ。
昭和35(1960)年	76歳		4月11日 国鉄幹線局を「新幹線総局」に昇格。6月1日 東海道広軌新幹線期成会発足、会長大蔵公望。
昭和36(1961)年	77歳	4月24日 世界銀行借款調印のため渡米。5月15日 帰国。11月9日 インドおよび欧州に出張し、アジア鉄道首脳者懇談会と国際鉄道連合会に出席。12月4日 帰国。	5月3日 世界銀行借款8千万ドル、ワシントンで調印、6月30日発効。
昭和38(1963)年	79歳	5月19日 任期満了により日本国有鉄道総裁退任。6月21日 日本交通協会会長就任。11月3日 愛媛県民賞。	
昭和39(1964)年	80歳	**11月3日 勲一等瑞宝章。**	**10月 東海道新幹線(東京～新大阪間)開通。**
昭和42(1967)年	83歳		**新幹線1億人旅客輸送達成。**
昭和43(1968)年	84歳	10月 鉄道中央病院で白内障の手術。	6月 大気汚染防止法・騒音規制法を公布。
昭和44(1969)年	85歳	**9月29日 西条名誉市民の称号。**	5月 東名高速道路全通。
昭和51(1976)年	92歳		新幹線10億人旅客輸送達成。
昭和53(1978)年	94歳	3月 右足骨折以来車椅子を使用。	5月 新東京国際空港(成田空港)開港式。
昭和56(1981)年	97歳	10月3日 永眠。	国鉄再建法施行

【参考】『十河信二』年譜より 有賀宗吉著 昭和63年 十河信二傳刊行会発行／『プロムナード日本史』 浜島書店

"夢の超特急" 0系新幹線
ここがスゴイ!
新幹線は当時の鉄道技術の集大成だった技師長・島秀雄の果たした役割は大きい
世界初 電車で200km/h超を実現
電車方式を採用（動力分散方式）
それまで鉄道の長距離運転は機関車だった
機関車は重いほうが、馬力が出て高速を出せるが…
けん引
私は全体の方向付けをしただけです
島秀雄
ふたたび登場つだです
日本の線路は地盤が弱いので車両を重くできない

機関車から電車へ
電車の性能を上げていくことが戦後の鉄道の研究テーマでした
スピード
乗りごこち
騒音防止
安全性

電車方式の利点

- 車両が軽くなる
- 線路や構造物を大きくしなくても高速運転が可能
- 折り返し運転が簡単→運用効率アップ
- 電気ブレーキにし、ブレーキの性能を上げ、
  動力を分散することで、安定した運転ができる

なるほど

交流電化方式を採用

高速運転のためには大きな動力が必要

新幹線は電圧を25000Vにした
- 電圧を上げることで小さな電流でOK
- パンタグラフが小型化できる
- 車両に変圧器をつけたので地上の変電所設置が少なくてすむ

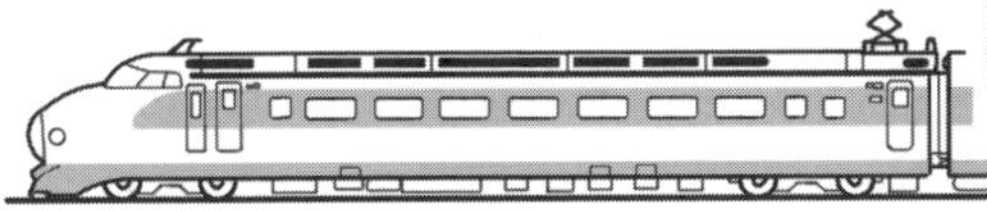

従来の電車は直流1500V
- 電圧降下を防ぐため変電所をたくさん置かなければいけない
- 高速化には大電流が必要
  パンタグラフが大きくなる

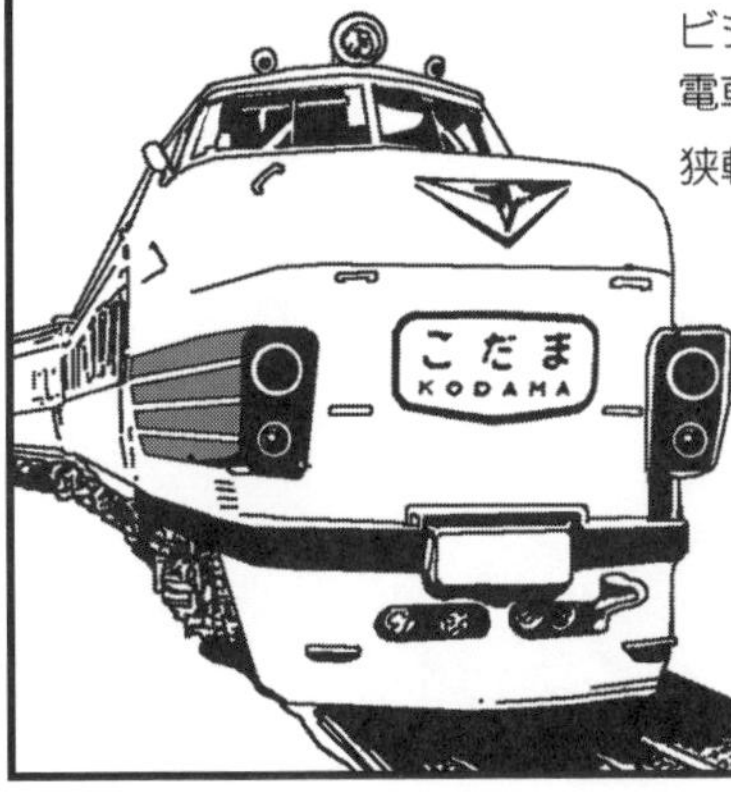
こだま
KODAMA

ビジネス特急「こだま」は
電車方式により
狭軌の最高速度**163km/h**を出した

ひとつひとつ
裏付けを取りながら
実験をくり返し
手順をふんで
新幹線の実用化を
めざしたのです

進化した台車構造

蛇行動の発生を防ぐIS方式

↑

200km/h以上の高速を出すと
台車がレール上で左右にぶれた

（写真：鉄道博物館提供）

安全運転を追求 = ATCとCTC

ATC 自動列車制御装置 —— 先行列車との車間に応じて自動的に列車速度を制御する

CTC 列車集中制御装置 —— 全線の運転、電力、信号、通信などを総括管理する

ワイドボディ

可能な限り本体を
大きくした

3.38mは世界最大級

座席を５列席にした

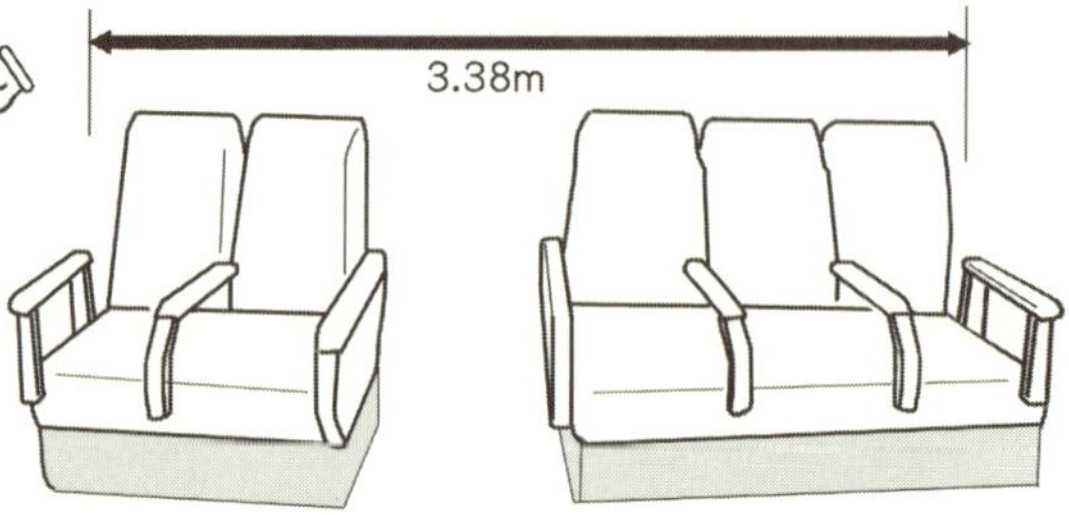
3.38m

新幹線が実用化されると各国から新幹線の視察に来ましたよ
新幹線の成功は世界の鉄道を復活させたのだ

◉参考文献

「十河信二」有賀宗吉／十河信二傳刊行会
「十河信二別冊」有賀宗吉／十河信二傳刊行会
「有法子」十河信二／ウエッジ
「OLD MAN THUNDER — Father of The Bullet Train」Bill Hosokawa ／SOGO WAY
「新幹線をつくった男──島秀雄物語」高橋団吉／小学館
『〝夢の超特急〟0系新幹線』／鉄道博物館図録
「新幹線99の謎」新幹線の謎と不思議研究会／二見書房
「十河信二物語　アジア新幹線百マイル」ラピタ２０００年11月～０１年5月号　高橋団吉／小学館
「新幹線をつくった男たち」（ＤＶＤ）／ビクターエンタテイメント
「浅原健三日記」／『軍ファシズム運動史』付録　秦郁彦／河出書房新社
「佐伯勇の生涯」神崎宣武／河出書房新社
「西条高校校章の創案者　高瀬半哉先生」加藤正典／道前会会報　平成19年3月1日発行
「東京駅誕生──お雇い外国人バルツァーの論文発見」島秀雄編／鹿島出版会
「西条図書館蔵の十河信二文書 ─その豊かな内容─」原　朗／十河信二先生顕彰シンポジウム「新幹線生みの親　十河信二さんと西条市」基調講演記録　２０１１年9月24日
「特集　十河信二先生・伝記」東京道前会会報　平成24年号、平成25年号
「愛媛　子どものための伝記『十河信二』」秦　敬／財団法人　愛媛県教育会
「十河信二物語　その気骨の原点　中萩」／中萩公民館

◉写真提供（敬称略　アイウエオ順）

伊東市教育委員会、越智登志正、共同通信社、公益財団法人交通協力会、後藤新平記念館、西条図書館、篠原文雄、十河光平、十河信二記念館、十河信二傳刊行会、鉄道博物館、道前会、別子銅山記念館、三坂健康

◉**謝辞**

「夢の超特急ひかり号が走った　十河信二伝」の制作にあたりまして、多くの皆様のご協力をいただきました。心より感謝申し上げます。また、この本を読んでくださいました、読者の皆様にも心より感謝申し上げます。ありがとうございました。

つだゆみ

◉**ご協力いただいた方々**（敬称略　アイウエオ順）

明比仁美、荒木文宏（鉄道博物館）、有賀宗吉（故人）、安藤正純（十河信二を知る会）、奥原哲志（鉄道博物館）、越智登志正、加藤新一（鉄道史研究家）、加藤正典（地方史研究家）、衣川裕二（中萩公民館）、工藤順、篠原文雄、新川健（十河信二を知る会）、十河新作（十河信二五男）、寺川和夫（道前会）、一柳ルリ子、藤岡典夫（西条高校）、真鍋正幸（十河信二を知る会）、三坂健康、村上俊行（道前会）、吉澤眞

西条市職員の皆様

●マンガ・文　つだゆみ
漫画家。愛媛県西条市出身。広島大学文学部卒。1990年デビュー。近著『新島八重のことがマンガで3時間でわかる本』明日香出版社、『わかる古事記』西日本出版社など、多数。
http://tsuda-yumi.jp/

●監修　十河光平《そごうこうへい》
1947年5月東京生まれ。信二の四男和平の長男。幼少時信二と同居。よく旅行などに同行。早稲田大学理工学部卒業後、沖電気工業株式会社入社。超LSIの研究開発に従事。現在はWeb関連の会社代表。

●協力　原《はら》 朗《あきら》
1939年3月東京生まれ。東京大学、東京国際大学に勤務し、現在東京大学名誉教授。元土地制度史学会理事代表・日本学術会議会員。近著に『日本戦時経済研究』『満州経済統制研究』(東京大学出版会)。

夢の超特急ひかり号が走った
十河信二伝

2013年8月31日初版第一刷発行

マンガ・文　つだゆみ
監修　十河光平
協力　原 朗
制作　西条市　〒793-8601　愛媛県西条市明屋敷164番地
発行者　内山正之
発行所　株式会社西日本出版社
http://www.jimotonohon.com/
〒564-0044　大阪府吹田市南金田1-8-25-402
［営業・受注センター］
〒564-0044　大阪府吹田市南金田1-11-11-202
TEL：06-6338-3078
FAX：06-6310-7057
郵便振替口座番号　00980-4-181121
編集　親谷和枝
編集協力　津田太愚　岡崎忠彦（マンガ）
デザイン　中瀬理恵（鷺草デザイン事務所）＋東 浩美
印刷・製本　株式会社シナノパブリッシングプレス

ISBN978-4-901908-80-1 C0095